蘇齋筆記

〔清〕翁方綱 撰

張宇超 點校

全國高等院校古籍整理研究工作委員會直接資助項目

卷内校訛皆屬

覃溪原筆第四以下葉东卿

所訂耳　亞壽謹識

覃溪先生八十六歲皆戊寅

寄此東来第四以下是东卿

追寄也　又識

筆第一第二第三

蘇齋筆記卷弟一　易　書　詩

蘇齋筆記卷第一

嘗見撰說部書者每多及於瑣屑怪異是以鄙意深不願作說部書也惟昔人有以經說爲之者而愚治經劄記已積成卷矣今就其必宜撮舉者或劄記所不能附入者偶筆一二焉然又見嗜學之士寓經說於筆記每自抒所得某條以資訂正夫治經宜通合全經貫徹之乃見此一條之是否也不則專筆此條使觀者矜爲創獲而未嘗合上下精研之仍是欺人而已是以愚於治經之條不敢自

易一

蘇齋筆記卷第十七

孟子歷叙三代聖王首言惡旨酒周書特著酒誥一篇蓋戒飲酒是第一要務也禮有無算爵聖人惟酒無量然於禮言之矣於詩言厭厭夜飲不醉無歸極情文之款洽則情非徵也情即禮也是皆於典禮之詳恩禮之篤極暢言之不嫌是無以見禮儀之卒備也正惟於徵禮乃特如此言之則飲未有日用飲食皆以此為仿效者也至若詩經雖酒無量似亦讌飲之常言之矣於此益卿書一家於書聖人之事聖人見之經心不踰矩若常人亦皆各隨其心之所欲以為有不踰閑者飲酒至于無度而致不及亂以非聖史之所

整理説明

翁方綱（一七三三—一八一八），字正三，一字忠叙，號覃溪，晚號蘇齋，順天大興（今屬北京）人。清代乾嘉時期著名學者，精通經史、金石、詩歌、書法之學。在諸多領域均有著述，有《復初齋文集》、《復初齋詩集》等詩文集，有《禮經目次》、《經義考補正》等經史類著作，有《兩漢金石記》、《粤東金石略》、《漢石經殘字考》、《焦山鼎銘考》、《廟堂碑唐本存字》、《蘇米齋蘭亭考》等金石碑帖類著作，有《杜詩附記》、《石洲詩話》等詩學著作。生前未及刊刻的著述以稿本形態傳世，散見於海内外者亦不少。近二十餘年來，這些稿鈔本被陸續發現、整理或影印出版，如沈津輯《翁方綱題跋手札集録》（廣西師範大學出版社，二〇〇二年）、柏克萊加州大學東亞圖書館編《翁方綱經學手稿五種》（上海古籍出版社，二〇〇六年）等。

翁方綱晚年有一部學術總結性質的著作《蘇齋筆記》，在生前未加刊刻，稿本現藏於臺北「國家圖書館」，一九七四年臺灣文海出版社「清代稿本百種彙刊」予以影印。此稿本存十五卷，字迹極難辨識，影印本流傳亦不廣。其中前四卷，宣統二年（一九一〇）北洋官報印書局單獨影印，後來一九九八年北京出版社《四庫未收書輯刊》（第四輯第九册）又據宣統本影印，列入經部。

十五卷稿本之外，另有一部十六卷的抄本流傳至朝鮮，一九三三年古典刊行會曾在京城（現韓國首爾）進行過影印。此抄本前三卷，乃翁方綱生前謄清後寄給朝鮮門人金正喜。翁方綱歿後，弟子葉志詵寄去後十三卷補足。此本後流傳至日本，由日本學者三宅真軒收藏，現藏於日本無窮會神習文庫。字迹清晰，卷帙完整，便於閲讀和研究。

上海圖書館藏有一批名爲《蘇齋存稿》的翁方綱手稿，其中有《蘇齋筆記》的第十七至十九卷。此三卷内容較駁雜，反映出翁方綱編定十六卷之後仍然在進行補訂的工作。

就《蘇齋筆記》的内容而言，卷一至卷四集中討論經部問題，包括《易》、《書》、《詩》、《春秋》、三禮、四書、小學等。卷五、卷六涉及史部，包括紀傳體的産生與發展、《史記》體例的特點、《史記》和《漢書》的重複、《漢書》地志郡縣、《後漢書》無表、《三國志》注釋、《陳書》《北史》等體例、《隋書》之志最爲翔實、《宋史》多遺漏、《資治通鑑》之精密等内容。卷七至卷十二討論集部各種問題。卷七、卷八爲文集、時文，包括文集的産生與發展、史與文之關係、唐至清朝文集文章特點、總集産生與發展、駢文與散文的特點、時文的特點等内容。卷九、卷十爲歷代詩人，强調杜詩爲萬法之宗。卷十一、卷十二爲清朝詩人，如王漁洋、朱筠等人，對漁洋的討論尤爲詳細。卷十三至卷十六討論書法碑帖。卷十三至卷十五爲書法，包括篆書的筆勢、篆書非以瘦爲準則、篆書的發展與衰落、三體石經中篆書的書寫情况、佐隸與徒隸之關係、楷書體勢、二王楷法、晋人楷書與唐人楷書之區别。卷十六爲碑帖。卷十七至卷十九則較爲駁雜，涉及如戒酒、敬惜字紙、勤爲最要、慎言等内容，亦雜有書法、碑帖等論題。

今以日本藏十六卷抄本與上海圖書館藏第十七至十九卷稿本爲底本合璧整理，並參校臺北藏十五卷稿本，還《蘇齋筆記》之全本面貌，以期對翁方綱晚年學術旨趣與治學規模之深入研究有所助益。

目次

蘇齋筆記卷第一

易

嘗見撰説部書者，每多及於瑣屑怪異，是以鄙意深戒，不願作説部書也。惟昔人有以經説爲之者，而愚治經劄記已積成卷矣。今就其必宜撮舉者，或劄記所不能附入者，偶筆一二焉。然又見嗜學之士，寓經説於筆記，每自抒所得某條以資訂正。夫治經宜通合全經貫徹之，乃見此一條之是否也。不則專筆此條，使觀者矜爲創獲，而未嘗合上下精研之，仍是欺人而已。是以愚於治經之條，不敢自舉所見某處以矜獨得者，誠欲見此事之未易一二言耳。

姚江盧抱經嘗憾刻注疏者，《周易》卷前不載長孫無忌等《上五經正義表》。永徽四年二月趙國公無忌等《上五經正義表》，見於宋本《周易注疏》卷前。今所行板本，皆不載此表。可以考見孔穎達《正義》在貞觀年間，其校讎繕寫，則在永徽四年也。蓋專爲孔疏繕進而作是表耳。然不若《周禮注疏》前不載賈公彦《序周禮廢興》一篇爲要義也，秀水朱氏《經義考》於《周禮賈疏序》亦失載此篇。又今俗塾讀本朱子《易本義》卷前一序，學者或謂朱子之序，亦誤也。此序是伊川先生作，而未有明著之者。猶之俗塾所行《説文》始東終甲之本，前應有李燾序，而板本多仍載許氏舊記於卷前，其不知者竟目爲許氏原書也。

《十翼》，孔子所作。於彖、象精微，不啻指以告人。後之學者熟翫《彖》《象傳》《繫辭》《説卦》《文言傳》，而《易》道明矣。故曰：「知者觀其彖辭。」又曰：「其初」「其上」「其中爻」，又曰：「二與四同功而異位」，「三與五同功而異位」。即此數節，是聖人繫《易》之總發凡也。《彖傳》之於彖辭，《象傳》之於象辭，申繹無遺藴矣，後人自不善領會耳。故必善翫《彖》《象傳》，乃能得彖辭、象辭之所以然也。「二與四同功」二節，諸家説皆不明白。詳見愚《附記》内。

惟每卦之《大象》一條，此聖人特起推舉之義，亦有與卦義正相系者，亦有不必與卦義正相系者。此在每卦中須善會聖人用意處，而程《傳》凡卦皆舉《大象》以蔽其全義，是程《傳》之未深體聖言耳。

《易》之取象，惟卦之彖辭、爻之象辭有之。至夫子《十翼》之文，則其中未有別生取象之説，爲漢學者處處求其取象。甚至《繫辭傳》亦謂中有取象，則謬矣。然即卦辭、爻辭，漢儒處處泥於取象，亦多失其指。且即以《説卦傳》所舉「乾爲天，爲圜」之類，特約撮其概言之耳。而爲漢學者必處處泥執之，則亦非也。白雲郭氏於「漸卦」云：「《説卦》不言鴻而《漸》稱鴻，因謂天地萬物無不具於易象。《説卦》特舉其概，使人觸類而長之耳。」此條最精。凡固執漢學，墨守荀、虞之義者，皆當書白雲郭氏此條置之坐右。

宋人惟朱氏《漢上易傳》多申明漢學取象之説。如《蒙·彖》「初筮告」一條，言取象者以艮爲求，以震爲筮，《漢上傳》疏之曰：「艮爲手，有求之象。震爲草。以手持草，筮也。」如此曲解以傅會取象之説。爲漢學者，其亦當知所别擇否？

支演漢學之謬，如《繫辭上傳》末段「神而明之，存乎其人」數語，分屬乾坤二卦，《下傳》末段，分屬震巽六子之卦，可笑極矣。此所謂漢學者事經千載以前，付之不論可耳。乃近日惠棟撰《易述》，亦多仿效之。即如「百姓日用而不知」條下云：「乾爲百，坤爲姓。」其文理不通，謬妄至於此極，而嗜異者猶稱其書，何也？

卦氣之説，起於漢儒，而宋儒復推演之。卦變之説，亦起於漢儒，而宋儒復推演之。實皆非學《易》者所必當究心也。胡東樵《易圖明辨》一書，剖析允矣。然學者讀《易》之法，則又不可純以空言，藉口於省身寡過，而於一切陰陽、剛柔、外内、上下、垂承、比應，反不究心，則又恐涉於專言理學之書，轉足激成演測漢學者之弊耳。

凡爲學之要，自必以恪守程朱爲正路也。《易》則程《傳》，理極精醇矣。而朱子時或有同異者，朱子用心尤精密也。惟是就其大端言之，則朱子有過信邵子處。如《説卦傳》「萬物出乎震」節，反以邵子所謂「先天方位」疑易卦之方位，此則害經之最甚者矣，恐《本義》是朱子未定之本耳。項氏《玩辭》、胡氏《通釋》二書，皆朱子之功臣也。

千古萬古，孔孟後以程朱遥質之，雖未足以仰窺什一，然捨是更無正路也。今日治經，試語人以恪守程朱，往往有笑其固陋者。愚竊私記於座隅二言曰：「博綜馬鄭，勿畔程朱。」兼斯義也，足以對古人，足以質今人矣。若不精研漢學，博稽訓詁考證之實際，而徒事株守程朱者，是欲尊程朱而未知其所以尊也。

近人寶應王懋竑有《白田雜著》一書，詳考朱子所未定之處。此非尋摘朱子之失，乃正以翼朱子之書也。東吴惠棟於《易》有《本義辨證》一書，亦頗有所見，而世人不甚傳之。世所傳者，惠棟《周易述》，其書嗜異炫博，竟敢斥「富有之謂大業」以下四十六字爲後師所訓。又謂「天一地二」以下廿字出於後人，又謂《説卦傳》「乾健也」以下出於後人，是則吾學侣所當見而髮指者。讀《易》者，見有侮聖言，當爲髮指者，先從歐陽疑《繫辭》始矣。愚更於後卷論歐文内詳之。

近日學者於《易》學，既不能虚衷研核諸家之説矣，顧轉欲高談荀、虞者，蓋徒欲立異於程

《傳》、朱《義》之外，故爲此以矯之耳。其實所據荀、虞之説，初未見荀、虞全書也。未見其全書，而但摘其流傳之一二。初未知其某條之上下云何，而欲據以爲説，則其事更宜慎矣。此不過就李資州《易解》所輯得其僅存者也，其中固亦有可資考據處。然李氏《易解》中所採諸家説可資考據者，時時有之，不僅荀、虞也。即如鄭康成之説，宋王浚儀嘗抄集爲卷矣。近日惠氏棟又增輯之，學者善擇焉可也。然如「井九三」，鄭説以三爲艮爻，故有山下井谷之説。此語本非經之正義，而輯鄭氏《易》者曰：「九二，坎爻。坎爲水，上直巽。九三，艮爻。艮爲山，山下有井，必因谷水，所生魚無大魚，但多鮒魚耳。言微小也。夫感動天地，此魚之至大；射鮒井谷，此魚之至小，故以相况。」此條出於劉逵《吴都賦》注。「言微小也」以下乃是劉逵注釋《吴都賦》之語。所謂「感動天地」者，指左思賦詹何、任公子釣魚二事也。所謂「故以相况」者，指東吴王孫與西蜀公子相設喻也。而輯鄭氏《易》者誤以「言微小也」以下六句皆抄入鄭康成《易》注中。此或抄胥之失校，王氏所輯鄭《易》者，應刊正之。近日惠棟《周易述》申之曰：「鄭據六日七分，謂中孚十一月卦，辭：豚魚吉。巽爲魚，巽以風動天，故云感動天地。井五月卦，九二失位，微陰未應，故云魚之至小。」此真扣槃捫籥，可笑之尤者，而居然自以爲説經，傅會漢學之謬有如此者。

今人言治經，往往視《易》、《書》、《詩》爲童年所肄誦，不欲深言，以泯其難解之痕迹，而動輒言欲治「三禮」。其實三禮非一事也。《周禮》固不知是何時所成；《禮記》成於漢時，則人所共知矣。惟《儀禮》最古，即以《易》證之。《豐》：「初九，雖旬無咎。」即「聘禮畢，歸。大禮曰旬而稍，旬之外爲稍，久留非常。」賈《疏》：「旬而稍者，賓客之道，十日爲正。一旬之後，或逢凶變，不得時反，則有稍禮。」鄭康成曰：「初脩禮上朝，四四以匹敵，恩厚待之，雖留十日不爲咎」。近日惠氏引此以證「過旬逢凶變」即《象傳》「過旬災也」，極精當矣。又《中孚》：「初九，虞吉，有他不燕。」虞即《士虞禮》之虞祭，他即他祭，不燕即不寧。即此二條可證殷之末、周之初此禮經已著於篇也。

《説文》，字學之圭臬，據以證經可也。然必處處以《説文》所引爲正，則亦不能一概論之。如惠氏據《説文》引《乾》三爻辭增入「夤」字，又據以改《屯》「六二，乘馬班如」爲「乘馬驙如」，皆誤也。「夤」字王氏引之駁惠説，「驙」字臧氏琳駁惠説，甚當。並詳愚《附記》卷内。至若《升》「初六，允升」，「允」字諸家説皆未安，必應從《説文》作「㽙」，而解此爻者皆不之及，何也？

王輔嗣不取象而虚言况喻，孔《疏》於《涣》之《彖傳》發之。朱子必取比爻以言卦變，雲峰胡氏亦於《涣》之《彖傳》發之。此二條可作發凡也。

《易》孔《疏》，房氏《義海》所引，頗有出於注疏本孔《疏》之外者。今所見者，南宋李衡《義海撮要》耳，房氏《義海》惜不傳矣。

唐宋後，説《易》之家不可枚舉。要其剖説演説，即或有叢雜紛歧，無甚戾於經者。惟是最著之通儒，而有最偏謬之見，貽害後學，不得不糾正者，則如廬陵歐陽脩之顯斥《繫辭》、《説卦》、《文言》，以爲皆非聖人所作，此則害理傷道之尤甚者。六經惟《易》最難領會，千載下讀者惟賴聖人《十翼》爲治經之指南。即以《繫辭傳》「初率其辭而揆其方」以下數段，是聖人著讀《易》之總凡例，學者捨是更何憑仰測乎？此數段朱子亦若未極詳者。而歐陽敢毅然以《繫傳》爲不出聖人所作，此其誣經侮聖，實畔道之大者。雖欲自絶，亦何傷於日月。今於類記經義，姑略言其概，而於後卷歐陽文集内謹詳具之。

項氏安世《周易玩辭》作於慶元四年戊午，在朱子《本義》後之二十二年。而秀水朱氏《經義考》載此書於朱子之前。夫既稱考矣，而不審時世之先後，奚以考爲耶？且如陸氏《釋文》，不著歲月，而其自序稱癸卯，當是陳至德元年，非貞觀癸卯也。其書無歲月者，尚宜詳審，況其有歲月者乎！而朱竹垞《經義考》於每書之序多删去其歲月，觀者何自而考其師承之緒及其先後從違之迹乎？方綱昔在史館校勘四庫書時，每欲就所見詳核，録其歲月，以補成之。亦有今見其書而竹垞未載者，亦有竹垞所載而今未見者，竟未獲編寫成帙。又嘗欲通合古人著述，彙其年月，編爲一書以備考。即如鄭康成生在許叔重《説文解字》後之二十九年。諸如此類有關於考證者，或據史傳，或據注語，通徹照會，編次之，亦藝林所必資也。又朱氏《經義考》所載每書考辨論説，皆渾之爲某人曰，不著其出於某書、某注、某集，則其言之指歸無由見，而於學人參稽互證之處，亦無所裨助。蓋竹垞此書因昔人經義存亡考而作，專留意於存佚，而未暇計及後人之詳考也。愚雖有補正數卷，又吾同年盧抱經亦作補正數卷，則皆摭拾其一二端而已，最是每條歲月之未補，是一大憾事耳。

書

古文《尚書》誠不無可疑，然皆平實正大，中多精粹，足以仰窺聖道。且行世已久，何苦而必力攻之？若以某句同見某書，則古籍之同異互見何可勝原？愚嘗謂《禮記》今列於五經，《禮記》成於漢時，即《公羊傳》亦至漢時始著竹帛。《大戴記·公冠》篇明有「漢昭冠辭」，不聞有人撰一書以別擇之。而獨於古文《尚書》，處處尋隙。至如閻若璩者，逞其口角，全無儒者慎言氣象。此治經者所宜戒也。

爲學之法，聖人早以三言示之：曰多聞，曰闕疑，曰慎言。此千古讀經、讀史、著書、爲文之要義。

《易》有聖人《十翼》爲宗主。凡後人所詮釋，其合於此者，即得經義；其外乎此者，即乖經義矣。是以《易》極難言，而千萬世有所適從也。若《書》、《詩》則聖人未有明著以示後人之語，就其可徵者，自必以時之最在前者衷之，而豈得斥《序》爲不足信耶？即以《春秋》聖人筆削之旨，當日游、夏莫能贊一辭，就其傳於今者，獨賴三《傳》耳。《左氏》最爲可據，即或偶出斷制一二處，未必其果盡合於聖心，要亦無害於後人之資考也。顧有三《傳》束高閣之説者，無《傳》則經何所取證乎？雖以《公羊》之多失，亦尚並存以資印證，而況《左氏傳》乎？斥《書》《詩序》者之見，正與三《傳》束閣之見等耳。

《書序》「升自陑」《湯誓》、「至於大坰」《仲虺之誥》之類，非當日實見，其事何由知之？《序》豈可議耶！

豈惟古文《尚書》可疑而不必攻擊，即以《舜典》篇首二十八字，皆知姚方興本之非古。此本是《堯典》，有《孟子》諸書可據。是則疑此二十八字之説，較疑古文更爲可從矣。然而《舜典》今自爲篇，亦久在學官，於仰溯古書大義無乖，則其合《堯典》是一篇，固學者所宜知，而實無庸特著於删例也。且即以《易》之《彖傳》、《象傳》，本自别爲篇次，不與卦辭、爻卦接連，而今俗塾讀本相沿既久，尚未能遽改，況《舜典》篇首二十八字乎？凡今博雅嗜古之士，斷斷於古文之宜別裁及《舜典》篇首之宜芟者，不過欲見其立異而已，非果精心以治經也。

王肅謂唐、虞皆建寅，後人或有疑之者，非也。第觀《堯典》「分命」四節，則知唐堯時四序與今同矣。何必多言爲哉？又或疑夫子告顔淵行夏之時，若唐、虞皆建寅，則何以夫子專舉夏乎？此又不然。夫子所謂行夏之時，謂諸政令皆依夏之次序行之，此謂「行夏之時」也，非專謂其建寅也。詳見愚《論語附記》。

即如《大禹謨》「六府三事」一節，藉使其襲用文七年《春秋傳》，而其「善政」、「養民」、「修和」、「功叙」諸語之賅貫，已周密之至矣。「危微精一」一節，藉使其襲用《道經》，而其括四語、承一中，已精粹之極矣。況此乃千古至大至精之文，何有以此襲彼之説耶？愚讀《古文疏證》，欲舉所當駁者，一一正之，作訂閻一編，類於一簡，以示後學，則彼攻古文者之徒自苦，不待辨而自詘矣。既而又思，轉笑此輩無識，今不值得如此作也。姑識此，使學者知之。

漢《熹平石經》存字無多矣。洪氏《隸釋》尚是傳録板本耳。今所及見者，孫氏硯山齋所藏，是南宋越州石氏本也。《盤庚》：「不其或稽，自怒曷瘳？」「稽」作「迪」，「怒」作「怨」。「嘉績於朕邦。」「嘉」作「綏」。此皆足資治經之考證者，惜不得多見古拓本也。然此特偶記一二，以見漢石經之有裨耳。慎勿使嗜異者聞之，致啓改經之漸。

《書經》，聖人所定，其有疑者，闕之可也。其或有出後人潤色，不敢信爲聖人所定之原本者，則或偶舉某書某家所稱，附系一二於後，以志敬慎可也。即以古文《尚書》其最可據者，無若漢許慎《説文》所稱「《書》孔氏」一語矣。則凡許祭酒引述於《説文》條下者，必皆真古文可信者矣。今即以一條言之。「言」部：「詷，共也。《周書》曰：『在夏后之詷。』」《繫傳》：「《周書》曰：『在后之詷。』臣鍇曰：按今《尚書》作『在後之侗』。」此條無論作「夏后」、作「后」，實在「言」部無疑。於《顧命》「侗」字，實有難詮釋者，存以資考異則可，而據以定古文，將如之何？故後人有輯《説文》所引諸經語以資考者，雖自無傷，而究非必盡執《説文》所引爲定本也。即《泰誓》之篇，古已有僞《泰誓》矣。而今人顧欲雜録《史記》諸書以爲復古本者，竟欲置身於孔門删定之列歟？是以愚姑就許氏所引言之。以許祭酒明著曰「《書》孔氏」，而尚未能遽皆信之，况其他乎？

《武成》篇無錯簡也。篇首至「百工受命於周」，皆史臣總挈其事之首尾，統述於前也。「王若曰」至末，皆覆述其事，又難盡以史氏叙事之法貫之，是以加「王若曰」詳實於後耳。諸家考訂，皆無庸也。詳具於《書附記》。

德清胡氏著述凡四種，今人但知《禹貢錐指》耳。《易圖明辨》、《洪範正論》二書，知者較少。平心而論，自以《易圖明辨》第一，《禹貢錐指》次之，《洪範正論》又次之，《大學翼真》又在其下矣。《易圖明辨》，板藏胡氏家。前數年，阮芸臺撫浙，飭德清知縣訪求舊本補刻。其卷中漫滅字句，知縣云已補正矣，其實未補也。亟宜覓舊本補完之。

《康誥》篇首至「乃洪大誥治」，此數句是周公誥康叔三篇史氏之總挈處。讀此乃知周公作此三誥以誥康叔，在成王營洛之際，上稱先王之命以誥之也。不但不敢作成王語意，亦非周公自作誥康叔也，實乃稟承武王之意而誥之。凡篇中「王若曰」皆是如此。至於中間曰弘王、曰助王，雖若有逗露今王之意，而其詞仍渾以周家王室言之。蓋三誥句句是述先王之命之體也，及至《梓材》後半，乃歸到今王。惟曰「肆王惟德」，則指成王言之也。於是誥辭之體、誥辭之意兼得之矣。蔡《傳》乃將《左傳》、《史記》千載以來傳信之事，改爲武王封康叔，全未理會三誥首節「周公洪大誥治」之文，反目之爲錯簡，又誤謂《梓材》一篇爲錯簡。宋儒之亂經，此其最明白較著者。不特蔡氏《書傳》也，即朱子意已如此矣。不特朱子也，歐陽永叔作《詩譜》已如此矣。

吴江朱氏鶴齡《毛詩通義》在所著《尚書埤傳》之上，《埤傳》人所知，而《通義》知者甚少。《埤傳》誤信王柏之説，欲移《多方》篇後數節爲《多士》篇之文。乃援蔡氏考定《武成》之例，竟舉王柏改易之本載於著録，且引蔡《傳》云：「《多方》當作《多士》。」此則學人所當切戒者。

三山林氏《書解》脱失《多方》一篇，此是其全書之第三十四卷，傳刻之本多空焉。予從海鹽陳君以綱覓得舊寫本，以《永樂大典》校之，乃爲補足。有志經學者，能補鋟以傳之，則善矣。林氏此書，自《洛誥》已後，舊本久失，其孫畊叟淳祐庚戌所刻全本，謂後數卷得於宇文故家。及建安書坊新刊者，尚有參差未畫一處，應將今通志堂刻林氏《尚書解》第三十五卷之八頁第三行末「此篇之言三宅」句，至九頁第六行「又一説」三字，凡三十五行，皆删去之。

《康王之誥》「皆布乘黄朱」，從來誤作四黄馬解，於文義既失，而於禮義遂大舛，未有糾正之者。此「黄朱」二字，相連爲文，非「乘黄」二字連文也。黄朱，諸侯祭服也。乘者，四也。布者，陳其祭服而不敢服之也。曷嘗有康王受諸侯幣馬之事哉？蓋自孔《疏》已誤解，而諸家皆未喻之。詳具愚《書附記》。

詩

治《詩》者通言《毛詩》。今人第知爲毛萇，而不知此《毛傳》是大毛公亨所作也。孔《疏》曰：「《譜》云：『魯人大毛公爲《詁訓傳》於其家，河間獻王得而獻之，以小毛公爲博士。』然則大毛公爲其傳，由小毛公而題毛也。」孔《疏》此語甚明。是《毛傳》即大毛公亨所作之《詁訓傳》

也，第毛亨作此《傳》時，尚未題出《毛詩》之目。至毛萇爲博士，其書大顯於世，乃題以《毛詩》之目耳。既由毛萇時題爲《毛傳》，則稱毛萇之詩傳爲《毛傳》，原自無不可者。而其作此《詁訓傳》，則是大毛公亨也。此猶之《春秋公羊傳》，公羊高口授，本未成帙，至漢時，其玄孫公羊壽始著於竹帛。今稱《公羊傳》，則但知有公羊高，豈復區别公羊高、公羊壽乎？《詩毛傳》今但知傳之者爲毛萇，而其實作傳者是毛亨，原不須區别者也。惟是秀水朱氏《經義考》前載毛亨《詁訓傳》三十卷，云佚；後又載毛萇《詩傳》二十九卷，云存。竟將毛氏《詁訓傳》與毛氏《傳》分爲二事，則貽誤後學之甚者矣。《漢書·藝文志》云：「《毛詩》二十九卷，《毛詩詁訓傳》三十卷。」初未嘗别出《毛詩傳》也。蓋《漢志》所云「《毛詩》二十九卷」者，是未經毛氏詩傳之文。而朱氏誤以此句爲毛萇之傳，則豈有《漢志》叙毛亨於毛萇後者乎？誤讀《漢志》，其謬如此。

《詩序》，卜子所作，從來未有確據。或有謂毛萇作，或又謂衛宏作。惟近日嘉定錢大昕云：「《北山》詩序『勞於從事，不得養其父母』，此二語《孟子》引之。此二語在《孟子》前，則其爲卜子作無疑也。」愚按，《孟子》改「從」爲「王」，正因答咸丘蒙王土王臣，所以易「從」爲「王」。其下句亦云「此莫非王事」，又申明此「王事」二字，愈以顯其原文「從事」二字之明白矣。《孟子》人人熟讀，而未有舉以證《北山》詩序者，此實卜子作《詩序》之明驗也。其謂《序》每第一句是卜子作，其下數語，或有毛公申説者。此説固當可附參耳。若東漢衛敬仲所作序，謂其善得

《詩》旨，則必其序自有發明旨義。雖在爾日云「今存於世」，而非必即今所傳《詩序》矣。今所傳《詩序》，則非衛所作耳。

錯簡之説，始於《禮・玉藻》鄭氏注。然鄭康成實親見山巖屋壁之故書，非臆説也。至後人每遇經文難措解處，輒以錯簡目之，此治經之大蠹也。然未有謬亂如王柏之《詩疑》者，竟欲删去《野有死麕》等三十一篇，而退《何彼襛矣》、《甘棠》於《王風》，可謂妄矣。柏之《書疑》、《詩疑》，皆儼然以删定自居，而《詩疑》尤甚。雖錯簡之説，宋以後漸多踵益，不皆可據，而未有輕易僭亂如王柏之甚者也。秀水朱氏《經義考》雖於《詩疑》有砭議矣，而於王柏之訂《中庸》尚未加糾正，何也？

豳風、豳雅、豳頌，以《七月》一篇，分劃次章爲「豳風」，又於第六章云是謂「豳雅」，又於末章系云是謂「豳頌」，此鄭康成之説耳。《周禮・春官・籥章》只言「龡豳詩」、「龡豳雅」，未嘗以豳風與雅、頌並稱也。蓋周官籥章所龡，只謂之「豳詩」，不謂之「豳風」，不應立「豳風」二字之目，不比在《三百篇》中與十五國風編次，謂之「豳風」也。鄭氏乃於「女心傷悲，殆及公子同歸」下指云「豳風」，此名何從得之？此惟當據《周官・籥章》耳，而《籥章》無「風」字也。當日如何採詩入樂以成節奏，鄭氏已不能詳，又焉能界別其某章爲風，某章爲雅，某章爲頌乎？朱子答吴彦章云：「鄭氏不達《籥章》之義，爲此鑿説。」是也。其他諸説，置之勿辨可矣。

《小雅》笙詩六篇，陸氏《釋文》云：「周公制禮，用爲樂章，吹笙以播其曲。孔子刪定在三百十一篇内，遭戰國及秦而亡。」毛氏《傳》各有序冠其篇首，是毛公未嘗謂此六篇本無其辭也，特以見行於世者失其辭，故《毛詩》此六篇未入什目耳。至朱子據劉原父説，以爲此六篇本有聲而無辭。然朱子却未嘗不列此篇於什目，既列於什目，則安得謂本無辭乎？蓋此六篇因其義知其本有是辭，則當從毛，而篇目則自當列於什内也。如依《毛傳》所列什次，此六篇之目不入什，則《小雅》自《鴻雁》之什以下，每什相差者六篇，故其末《魚藻》之什竟多出四篇。合諸前笙詩六篇，正足什數，則此笙詩六篇本在什中無疑矣。惟朱子謂宜依《儀禮》奏樂次第，遂疑毛公移《魚麗》於《南陔》之上。則陳氏啓源云：「《儀禮》奏樂之次序，則《南陔》在笙入之列，不得不先；《魚麗》在閒歌之列，不得不後。是乃奏樂之次，非編詩之次也。」今宜依《吕氏讀詩記》據蘇氏轍説以定諸什之次。惟《南陔》之什十篇内，其六篇亡，則自此以下至《都人士》之什，皆每什十篇矣。

《小雅·六月》篇：「薄伐玁狁，至於大原。」朱子《集傳》謂大原今山西陽曲縣，吕《記》、嚴《緝》皆從之。顧氏炎武曰：「周禦玁狁在涇原之間。若晉陽之太原，在大河之東，距周京千五百里，豈有寇從西來，兵乃東出者乎？此大原今之平凉，後魏於此立原州，亦即取古大原之名也。」明嘉靖時，周斯盛輯《山西通志》亦謂此指平凉之原州，非冀州之太原也。朱子在南渡後未至北方，《集傳》偶誤也。又或有謂山西在陝之北，其或當日玁狁由直北而來，則即追逐至山西陽曲，亦未可知。此則更傅會之曲説也。總以《小雅》經文明言「至於涇陽」，則當日玁狁北來，是從西北，非從東北無疑。王伯厚《詩地理考》已明辨之矣。

《大雅·文王》篇序曰：「文王受命作周。」蓋言修德配命之實，所以爲「作周」也。漢儒曲援讖緯，乃謂文王稱王改元，孔《疏》蔓衍至四千餘言。今日經生家固皆付之不睹，而彼嗜異炫博者，或且妄張其説。即他經疏中，亦間或採用之，不知《書·武成》篇於武王語中稱文王，特史臣記述之詞耳。若果當日有稱王改元之事，則必《書》、《詩》實有其文，而後可爲典據。《論語》，孔門所記，有「服事至德」之語。則此外即使雜出記載，皆可勿信，而况讖緯乎？孔穎達作《詩疏》，不惟不知體會《論語》「服事至德」之義，即於本篇「有虞殷自天」之義，亦全不體會。爲漢學之弊，壹至於傅會若此，則漢學之有裨於考證，抑末也，何足以償所失哉！

「茍且」之「苟」，从艹，句聲，古厚反，草也。又作苟且字，此在《説文》草部者也。其「茍」字，已力反，从芊省，从包省，自急敕也，急也，「敬」左半从此。《燕禮》：「若與四方之賓燕，則公迎之於大門内，揖讓升，賓爲苟敬。」此蓋因君出迎，故於賓爲急設，敬也。《聘禮》：「燕則上介爲賓，賓爲苟敬。」亦同。乃鄭注云：「苟，且也，假也。苟敬者，主人所以小敬也。」夫以賓主致敬，而曰苟且之敬，曰假敬，曰小敬，此何説乎？此正是《説文》「自急敕」之「苟」字，音棘，不音耇。《詩》「無曰苟矣」，《大學》「湯之《盤銘》：苟日新」，皆即此字也。蓋凡人之易其言者，每藉口於太急耳，是以戒之謂「無易由言，無曰苟矣」，言慎勿托詞於急出，而輕易發言也。此於「曰」字，神理亦明白矣。而於下句「言不可逝」，「逝」字亦可去、入相叶爲韻也。乾隆五十一年春二月經筵，詔用《抑》詩譜入樂歌。是月六日，方綱以詹事得預讌席。樂部奏至此句之末，引長其音與下句相比。静聽之，恰與愚説「苟」、「逝」相叶節奏宛合，益信樂律諧聲之不誣也。

士皆知讀朱子之書，而朱子《詩集傳》爲坊間俗本所傳訛者。《周南》「南有喬木，不可休思」，朱子從《韓詩》作「思」，今俗本誤作「息」。《集傳》原本有「吴氏曰：『韓詩作思』」，此七字今俗本無之。王伯厚《詩考》序云：「朱文公《集傳》『不可休思』從《韓詩》。」《召南》「何彼襛矣」，今俗本作「穠」。《鄘風》「終然允臧」，「然」俗本作「焉」。《衛風》「遠兄弟父母」，俗本作「遠父母兄弟」。《王風》「羊牛下括」，俗本作「牛羊」。《齊風》「不能辰夜」，俗本作「晨」。《唐風》「碩大且篤」，俗本作「實」。《豳風》「不可畏也」，俗本作「亦」。《小雅》「外禦其務」，《集傳》云「《春秋傳》作『務』，罔甫反」，此八字俗本删去，改云「音『侮』」；「言歸斯復」，「斯」誤「思」；「胡然厲矣」，俗本作「爲」；「朔月辛卯」，俗誤作日；「家伯維宰」，「維」俗本作「冢」；「如彼泉流」，誤作「流泉」；「爰其適歸」，《集傳》此下注云「《家語》作『奚』」，此四字今俗本删之，改爲「奚」。《大雅》「天降滔德」，今俗本誤作「慆」；「如彼泉流」，亦誤「流泉」。《商頌》「降予卿士」，俗本誤「于」。又《傳》内之誤，如《召南·騶虞》篇「豝，牝豕也」，「牝」訛「牡」。《大雅·文王有聲》篇「淢，成溝也」，「成」訛「城」。《賚》篇「此頌文王之功」，「王」訛「武」。諸如此類，皆朱《傳》原本不誤，不知何時傳寫致誤者。不知者或疑朱《傳》原本如此，亟宜改正。

蘇齋筆記卷第二

春秋

治經之難，莫難于《春秋》。蓋《易》理雖極崇深，而賴有聖人《十翼》在焉。後之説《易》者，患不能通《十翼》而妄自爲説耳。如果深研《繫辭》、《説卦》、《彖》、《象》、《文言》諸傳，則於《易》庶幾有津筏矣。惟《春秋》聖筆之所以然，無處可窺，在當日游、夏尚不能贊一辭，而後人何從仰測乎？即《左氏》偶有説及書法處，其所稱「君子曰」，或亦間出引述，非必即此是聖筆之定釋也。今尚賴《左氏傳》，得以見比事屬辭之概。而韓昌黎欲推許盧仝，至謂「三《傳》束高閣」。未知韓子之意，捨三《傳》外，更有何書可據以究遺經之終始也？啖、趙以後，更多以己意説經，雖若陳止齋、趙東山之深究經旨，尚未敢必其悉合。而近時言《春秋》者，顧舉劉氏《權衡》、《意林》，以爲説經之正路。即使其中偶有弋獲之條，究與韓子贊美盧仝之意不相遠耳。

《左氏》立學最晚，在《公》、《穀》二傳立學之後。西漢之初，雖諸經漸皆有緒，而《公羊》著於竹帛已在景帝時，其前皆口授之説，甚至以齊仲孫爲魯慶父，甚至以秦伯罃爲秦穆公。朱子嘗慨惜學者不得目睹未修時之《春秋》。朱子此語，誠善於讀《春秋》者。而當日未修之《春秋》，則無處可尋。惟《公羊》「夜中星霣如雨」一條云：「不修《春秋》曰：『雨星不及地尺而復。』」此則與今所見《春秋》經文迴不相涉，竟不知公羊氏於何得之。即左氏親見策書者，亦未之言及也。且公羊氏既爲經作傳，乃於《左氏傳》所叙次諸國赴告之文，若全未經目者。此一家之口授，至其孫乃著於竹帛，而其立學乃又在前漢時，引經斷獄，皆據《公羊》言之。至於《穀梁》，稍可資以考證，而亦多與《公羊》相涉，更不知所謂「鄒氏無師，夾氏未有書」者，又當何如矣！學者捨傳無由以治經也，而傳之不易問津，其艱若此。

《穀梁傳》頗有意存周時典制，此其所長也。然注疏家又實不能得其證佐，且如漢鄭康成又在其後，而其注釋諸經頗詳於禮。即以《鄭志》答問張逸、趙商，具載諸人語，是以得所資考。若《穀梁》「哀元年，鼷鼠食牛角」條内，忽作子與我問答之辭，亦足異矣。

讀《春秋》賴有《左氏傳》，而服虔注不可見；劉炫規杜之書，今又不可見矣。杜注即是讀《左》者所信守矣，而杜氏實有害於經者。即如「趙盾弑其君」，《左氏傳》載孔子之言「越竟乃免」者，詳繹此條。太史曰：「子爲正卿，亡不越竟，反不討賊。」此史筆正文也。《左氏》於此下述孔子之言，謂：「惜也，越竟乃免。」此乃正緻良史書法，以終史筆之正文也。此下乃直叙趙盾使趙穿逆新君之事，則其不討賊可見矣。此又史筆之明暗相承者也。《左氏》可謂善叙事矣，此並非以「越竟乃免」許其不討賊也。杜氏乃誤謂：「越竟，則君臣義絶，可以不討賊。」是何言歟？以致後來趙氏匡、劉氏敞、葉氏夢得、趙氏汸，皆以爲此非孔子語，斥《左氏》記述之不足信，皆杜注之誤有以啓之。其後惟林堯叟能知以議論紛紛之弊歸咎於杜注，林氏所見勝諸家遠矣。但林氏謂上文「亡不越竟」二句，不可與此相牽，則猶未得左氏叙事之義耳。

治經者每生演測之義，固有順經義以演説而益加明暢者，亦頗有依經義演測而失其本者，愚故謂演説不可不慎也。如杜氏《左傳注》偶舉「趙盾不討賊」一條，亦足以作發凡矣。其他若此演測失指者，指不勝屈。讀經以《左氏》爲據，讀傳自必以杜注爲據也，而杜注之誤會經義、誤會傳義者甚多。劉氏規杜之説雖間見於孔疏，而孔疏多傅合杜意，不可爲據，則將如之何？約而言之，蓋有三焉。一曰傳信。此則就杜氏以證經傳。經傳實賴注以明，是當日作注時，實有所據依者，此類自居十之七。所以杜注原是《左氏》功臣，不可没也。若必因杜氏有演説之弊而概輕視之，則韓子欲束三《傳》以究經義，吾尚不以爲然，而今轉欲束注説于高閣以究傳義，又豈可乎？此一層自是讀經傳之正局。二曰參衆説。則後人善讀經傳者，於注義有所未愜，以他説參焉，此則不得已而爲之。語曰：「利不什者不變法。」更宜慎擇者也。三曰闕疑。

此則注説固未安，而他説亦難專執者，即姑闕之，何傷？凡讀諸經，皆當存此三者于几間。姑因杜氏《左傳注》而發之。

凡經書月、日、名字，皆不得執某條以爲全經之例也。《公羊》、《穀梁》所舉諸書法以爲例者，固不可執矣。即杜氏釋《左氏傳》，博徵舊章，所撰《釋例》，具有條緒。而善讀經者，要在各就本文詳繹之，勿執例以泥之，乃善耳。即如文七年「宋人殺其大夫」，《傳》云：「書曰『宋人殺其大夫』，不稱名，衆也。且言非其罪也。」杜氏《釋例》即此條以發例。而昭二十七年夏：「吴弑其君僚，楚殺其大夫郤宛。」注皆據此例，以書名爲罪。孔疏傅會之，遂謂稱名皆罪之。然則「晋世子申生之殺」亦書名，豈亦可云有罪乎？《傳》言郤宛無辜被讒，當時舉國興謗，何以杜預反以爲罪宛？即王僚，雖無道，而在此文則自以弑君據事直書，豈得云罪在僚乎？愚意豈但注家、疏家所舉之例不足爲據，即《左氏傳》亦尚偶或旁引時人之言，目爲「君子曰」之類，尚亦未必皆合於筆削之旨，而况後人之紛紜揣測書法者哉！以愚私見，竟宜别録經傳一通，仍悉按經之次第。其經文無傳者，另自爲條，專爲一節，不必言矣。其有傳者，則先《左氏》，後《公羊》、《穀梁》，備録於本條之下。如《公羊》叙趙盾事詳於後條之類，仍依經之次第録于本條，以備考三《傳》之同異。凡傳所叙事，經不書而有關于前經、後經者，皆依經之次録之。至有傳所叙，全無關經文之事，則别作矮行附録焉。如此具列，其比事屬辭之實而弗敢言所謂例者，弗敢效後世諸家所究言書法、申詳讞義者，惟期弗畔於經，而莫敢仰贊也。須有暇日，得一細心虚衷之友相助寫之。○昔晋劉兆撰《春秋調人》一編，三《傳》有不合者，舉其長短以通之。又爲《春秋左氏》解，名曰《全綜》，《公羊》、《穀梁解詁》皆納經傳，申朱書以别之。其書皆久佚，然其意在調合三《傳》而已，而所謂「以朱書别之」者，其意頗可參也。

《左氏傳》，服注與杜注本並行，及杜注專行，而服注遂廢。即如襄二十七年：「宋人享趙文子，叔向爲介。司馬置折俎，禮也。仲尼使舉是禮也，以爲多文辭。」孔疏引服虔云：「『以其多文辭，故特舉而用之。後世謂之孔氏聘辭，以孔氏有其辭，故《傳》不復載也。』所言孔氏聘辭，不知事何所出。實享禮而謂之爲聘，舉舊辭而目曰孔氏，事亦不必然也。」此疏于服注所謂孔氏聘辭者，疑而未信，故謂此文甚略，本意難知。此疑服氏，兼以疑左氏矣。服氏處後漢時，去古未遠，其時尚或有舊籍留遺。所謂孔氏聘辭者，蓋因孔子取此趙武、叔向賓主宴享之辭，當是七十二子之徒有記録成帙者，後漢時猶傳之。疏家不加詳考，輒妄意以爲未必然。此乃宋以後學者臆斷蔑古之習，不謂唐人已有此弊也。此事又見于《周禮·秋官·司儀》鄭注，而賈疏目爲孔子聘問之辭，則賈公彦亦未見此書耳。此蓋孔門採取當時列國聘享諸辭，輯爲一編，名之曰《聘辭》。其中必不止於趙孟享禮一事，或服虔尚見此書。而以《説苑》所記魏文侯時事，尚習其辭。見《困學紀聞》。魏文侯嘗受學于卜子，是當時聖門有此編輯。而賈疏或云者，又不知何時沿述爲孔子聘問之辭云爾。此書由漢至唐，尚皆得自傳聞，偶于《周官·司儀》賈疏得與《春秋傳》服注一相證合，何其幸也！

昔馬季長《三傳異同説》，其書不傳。近日顧復初作《三傳異同表》，或遠取其意乎？顧氏《春秋大事表》諸卷，多有資于考證，其《朔閏表》、《疆域表》博而篤矣。然亦間有附入之門，不能盡資考者。如《三傳異同表》，頗未整理。三《傳》之異同非一處，有所載之事出入異同者，有其義互見異同者，有所載經文異同者，自宜詳證成編。而顧氏之《表》，寥寥條件，尚未該舉。蓋其事其義之異同，不能臚舉以立表也。愚所附記，惟經文字句之異同耳，尚未敢以三《傳》異同專爲卷也。

宋張大亨撰《春秋五禮例宗》，程公説《春秋分紀》，則事類典制，原流本末，無不釐舉矣。近日顧氏《春秋大事表》亦皆略同其體例。若《朔閏》一表，杜預《長曆》久不傳于世，顧復初作《朔閏表》時，聞知陳氏厚耀之書，訪求而不得見，又未得杜預之本。顧復初所自推《朔閏表》，與陳氏所推《朔閏》之書，今得並著于録，而又適于《永樂大典》得見杜預《釋例》，則《長曆》之編在焉。愚今備讀之，乃得合四家杜氏預、程氏公説、顧氏棟高、陳氏厚耀之《朔閏》，通列立表，編爲六卷，以備詳考。方編此卷時，門人錢溉之塘書來，勸我宜專用程公説一家，而勿取杜、顧。蓋錢氏家學，言算法，專遵僧一行之説，故不信杜預。愚則未敢專執耳。

《易》有李資州《集解》之書，《書》、《詩》則未聞也。《春秋》有江陽杜氏諤《會義》一編，採輯諸家之説，雖時代視李資州在後，亦衆説之林也。如唐盧仝之《春秋》，昌黎所稱者，惟略見一二於此。然所輯諸家不若李資州之《易》傳爲最古，是以裨益稍殊焉。若有治經者續而廣之，與房氏《周易義海》、衛氏《禮記集説》並行，亦善矣。但所輯皆後人之論，特以備採擇則可，而以作治經問津之正業，則猶未敢質言耳。

趙東山《左傳補注》最好，然猶間有宜詳訂者，若得通徹爲附補一編，則善矣。近如顧氏、惠氏，皆有《左傳》補注，此則偶摭件系一二，非趙氏書之匹。《公羊》之何注、《穀梁》之范注，雖各爲一家之學，而何注疏失頗多，且《公羊傳》本多未合，不能因其行文之筆法超絶，而必强經以合之也。近日有爲《公羊》作釋例者，此嗜異之弊，非經學也。

《穀梁》之能言典制，自勝《公羊》矣。然而資傳以詁經，則尚未得其要，而况《公羊》乎？范寧《序》中臚所品次，《左氏》艷而富云云，後來學者遂將若據爲三《傳》之定品，則豈其然？

劉炫規杜，其書不傳。江陽杜氏《春秋會義》所録劉氏《規過》諸條，皆孔《疏》所已有。然孔《疏》特因申杜義而及之，非欲存劉説也。又《南史·崔靈恩傳》云：「先習《左傳》，服解不爲江東所行，乃改説杜義。每文句常申服以難杜。」《王元規傳》云：「自梁代諸儒相傳爲《左氏》

學者，皆以賈逵、服虔之義難駁杜預，凡一百八十條。元規引證通析，無復疑滯。」此皆在劉氏規杜之外者，令人遠想慨然。

禮記

《漢書·藝文志》：「戴德、戴聖、慶普皆后倉弟子，三家立于學官。」而慶氏之書無傳。自《小戴記》盛行，而大戴氏之書又不立於學官。其書存者三十九篇，其首卷則第三十九起，其中間或有兩七十二，或有兩七十三。近日校勘者，據許慎《五經異議》諸書所引《盛德》篇中間《明堂》者，以下仍是《盛德》篇語，悉以歸入《盛德》篇，省去《明堂》第六十七之篇目，則通爲三十九篇，無歧出也。又《公冠》篇，諸刻本或訛作《公符》，今改正。

鄭康成先通《禮經》，其時古籍尚有存者。鄭氏注《禮》，雖言《禮》篇多亡，然如《王居明堂禮》，《月令》注内凡引九條，鄭未言此篇亡也，想鄭或及見此篇乎。又如鄭注引《饗禮》、《食禮》，鄭亦未嘗明著存亡。鄭注所引《王霸記》之類，疏皆未能詳也。鄭氏注所援據之事實，若得本其出處，悉以示後人，豈不大幸！

《禮記注疏》自南宋板本已有缺失，至今如南北監本、汲古閣本《禮記疏》，闕失三百餘行，以何義門、余仲林之研勘皆未嘗見也，必得宋槧舊本，乃得見其全。近日阮芸臺刻《十三經校勘記》，悉據舊本補入矣。而阮氏《校勘記》卷帙繁重，學者不能皆有之。如有力者，專舉《禮記疏》所闕之三百餘行，鋟板傳之，亦善矣。

衛正叔《禮記集説》，集漢至宋説《禮》之言，凡百四十四家，爲書百六十卷，誠彙説之淵藪也。昔朱竹垞謂《禮記》用陳澔《集説》以取士，不如用此書取士。其意固善，然此書以備治經者之採擇，則善矣。若用以取士，則中間別擇斷制，尚有未盡畫一者。陳澔之書雖陋，而用以取士則簡便易行，特在讀者之善於擇取而已。

陳雲莊《禮記集説》，全乎宋人説理之書，其于注疏之説，既未經該悉，又無所折衷。即如所引石梁王氏之言，頗似明義理者，而如《文王世子》欲删去題上事之文，於《禮運》前段謂記者爲之辭，於《學記》又疑其泛論，此皆啓後人好生議論、輕易蔑古之弊也。而陳氏此書之蔑古，又尚不止此。

孔《疏》：「曲與儀相對。」此對《儀禮》言之，然不如云曲與經相對也。《儀禮》，《經禮》也。《曲禮》，則古者必有成書，統謂之《曲禮》。故今《禮記》首篇以「曲禮」題其目，首一條大書「曲禮曰」，可以見其節目之概矣。「王制」二字篇題，則特著爲此篇名，不言何王之制，而注疏凡數説焉。孔疏曰：「《王制》作于秦漢之際。」又引鄭云：「孔子之後大賢所記。」又引盧植云：「漢文帝令博士諸生作。」即此《王制》一篇，同在孔疏而其説同異相參。如此，是則「《周禮》出于周公」，亦當略以此意參之，亦未可盡以劉歆之竄入指斥之，亦未至如《周公職録》等書之出依托耳。

《禮運》篇首之文，陳氏澔、黄氏震皆疑之。此須合通篇讀之，乃見用禮以維持世運之旨。子游復問「言禮之急」，「急」字正是言禮不可去之節目，乃見篇首，慨然遠想，爲之引起，初非重視大同，輕視小康也。其與老莊一流薄視禮制之説，迥不相涉。凡疑此者，總坐未識全篇指歸耳。詳見愚《附記》。

錯簡之説，莫先於鄭氏注《玉藻》也。《玉藻》一篇，鄭氏云「亂脱，宜改承」者，凡五處，皆允當不可易。然鄭氏此注極分明矣。而於其本文未嘗改動，特注於其下，學者知其義當如此耳。乃陳澔竟依鄭説以移置之，又不明言出於鄭説，直似原本如此，則其原本錯脱之罅隙不可得見，而又焉知其脱失之處，或尚有他文否乎？陳氏《集説》之妄作如此，將何以示後學耶？

《明堂位》一篇，鄭《目録》云：「於《别録》屬《明堂陰陽》。」此特言從其類目附屬之云爾。此篇雖與《大戴禮》言「明諸侯尊卑及九夷八蠻」數語相近，而此篇實爲魯事作，非爲明堂作也。

蓋《禮記》此篇固不必因其屬《别録》，而謂竟是劉向《别録》四十九篇内之原文。亦不必因《隋志》「馬融增入」之説，而竟目爲後人所托撰，固不得信。石梁王氏謂是見《春秋經》，而不見傳者之所撰，亦不得信。方氏苞謂出于劉歆之徒，傅會新莽而作，即篇末云「君臣未嘗相弑」，讀者盡知其非，則亦毋庸致辨。其在《小戴記》中，究以屬制度爲是也。

《樂記》在劉向《别録》本是二十三篇，今存于《小戴記》者十一篇。此十一篇連合爲一篇，出自何時何人，孔疏已不能確指矣。然而讀者則不可不知其十一篇之舊次。《史記·樂書》所取《樂記》之文，亦自《樂本》，訖於《師乙》，可與今《禮記》本相證。而其中又自有前後移置互異之處。唐宋以來，解此經者，皆不復問此十一篇之原次，則於疏内所云「記家意趣不同」之説，未之詳審也。愚于此篇之前，先列劉向《别録》，次列《史記·樂書》，次列今注疏諸本，録爲表圖，然後十一篇次序釐然矣。

鄭康成於《禮》最精，然其以禘爲祭天，則無根之説也。鄭于《祭法》篇言禘是祭天，又于《周禮·大司樂》言祭天、祭地、祭宗廟，皆名爲禘。孔疏亦敷衍之。然孔《疏》於劉光伯規杜之説，則必剖斷以折服之，而於鄭氏祭天之説，則先録王肅難鄭之語，而後及於馬昭、張融申鄭之説。馬昭申鄭，固皆依傍傅和之詞；張融申鄭，又衹意在推崇魏之受禪，其無他證據可知。又云「《孝經》説」，與王肅同，則孔《疏》名爲釋鄭，而實列王肅與鄭不同之説，使人擇之，豈得謂之申鄭乎？以孔《疏》之依鄭説者，不過如此。其他則古今駁鄭説者，多矣。近有歙人金榜撰《禮箋》一帙，以申鄭説。今日仰承欽頒《禮記義疏》，炳炳焉明斥鄭説之非。而尚有敢言復古，重理鄭説者，則豈得以弗辨？《爾雅》云：「禘，大祭也。」此雖在《釋天》篇内，然於歲時、風雨、星名之後，又于祭天、祭地、祭山川諸條之後，重舉「禘，大祭也」，則非祭天可知。且「禘，大祭也」下接云「繹，又祭也」，其非祭天又可知矣。惟大祭云者，渾而未析。鄭氏之整比諸經，見有某經文可質者，則必舉以質之。若果别有證據之古籍，必表出之。鄭於《祭法》見禘在郊前，郊是祭天，則禘亦必是祭天。鄭於是以《周禮・大司樂》謂天地、宗廟，皆大祭，大祭之名，惟禘足當之。其實無證據之古籍也。就其注《祭法》，謂禘是祭天，故《大司樂》篇以祭天爲禘。而《祭法》祭地於泰折，鄭氏却未言此祭是禘也。不知《大司樂》注，何以言祭地亦名禘矣？《大司樂》言「宗廟之中奏之」，亦未知是統言宗廟之祭與否，鄭何以知其必是禘乎？此則《大司樂》之文實無禘字，而鄭氏因其下文云「凡大祭祀，宿縣」，故必以大祭言之，以大祭言，則惟禘可以當之。而經無「禘」字，鄭又不言何據，何得謂鄭君識古乎？經無其文，注無其證，而謂之述古意。凡言述者，必有所援據而後述之，未有無所援據而謂之述者。此金氏不通之言，本不必置辨者也。乃若經本有「禘」字，而鄭誤會者，則《祭法》具在也。鄭氏之謂禘是祭天，不過謂禘字在郊之前，必是祭天。趙氏匡采曰：「禘之所及最遠，故先言之，豈關圜丘哉？若果圜丘名禘，五經何無一字及之？」楊氏復曰：「《祭法》禘、郊、祖、宗，注皆指爲祭天。蓋讀《祭法》不熟而失之。《祭法》叙四代禘、郊、祖、宗之禮，禘皆在郊上，蓋郊止于稷，而禘上及于嚳，禘之所及甚遠，故先言之。鄭氏不察，遂分圜丘與郊爲二處，昊天上帝與感生帝爲二祀。又指禘爲祭地示，於《大司樂》注立三禘之名，支離泛濫，諸儒已辨其謬矣。」愚竊謂楊氏謂鄭讀《祭法》不熟，猶止以本節言之。愚則謂鄭君之不善讀《祭法》，蓋不止此也。《祭法》一篇，概述祀典，本非有板様次第，先言祭天之説也。其首節專言四代祭其先祖之遠近不同如此，此專以祭先祖之事言也。至第二節，乃特舉「燔柴于泰壇，祭天也；瘞埋于泰折，祭地也」，此方是特提之文，以祭天地言之，豈得以前一節與此相牽合乎？不特此也。《祭法》於此下乃始次第排叙寒、暑、日、月、星諸祀典，然後乃於七廟五廟之前，先結束一語，曰：「七代之所更立者，禘、郊、祖、宗，其餘不變也。」此一語結束前後，其爲專指祭其先祖之禮，更明曉無疑矣。假如依鄭説，以首節禘、郊皆爲祭天，則試問：「祭天之配享以祭天爲重歟？抑以其配享之人爲重歟？」則必曰：「以祭天爲重也。」再試問：「七代之所更立者，禘、郊、祖、宗，是以其配享之處爲重歟？抑以其祖之立此祭爲重歟？」則必曰：「以其祖之立此祭言之也。」如此，則前文與後文指歸各異矣。同在一篇之内，同叙祀典，而前後指歸各異，有是義理乎？有是文理乎？此方謂之「讀《祭法》不熟也」。鄭又引《孝經》「宗祀文王于明堂以配上帝」，以實其所謂祭五帝五神于明堂曰祖宗之説，又自釋之曰：「祖、宗通言爾。」按《孝經》云：「周公郊祀后稷以配天，宗祀文王于明堂以配上帝。」此未嘗言禘，言祖宗也。「宗祀文王于明堂」，雖有「宗」字，亦未嘗以此句之「上帝」指五帝五神也，豈得牽合哉！惟其《祭法》首一節，禘、郊、祖、宗，皆以四代之祭先祖言之。所以第二節即從泰（增）〔壇〕泰折，特提言之，更見鄭重也。若于第一節先以祭天、祭五帝五神之配食言之，則必當置此文於泰壇泰折之後，於義理乃順，於文勢乃順也。豈有先言配食，而後及於正祭者乎？是則《祭法》實無以禘爲祭天之説，此鄭君誤會耳。彼金榜者，不敢詳究《祭法》篇也。於是引《國語》數條，以「禘」、「郊」二字同在一處，喜而謂其説有徵也。謂《國語》言「禘、郊」與「宗廟烝、嘗」對文，以見禘非宗廟之祭。其引《楚語》：「天子禘郊之事，必自射其牲；諸侯宗廟之事，必自射其牛。」此於天子言禘郊，於諸侯言宗廟者。諸侯無禘郊，故言宗廟，非以禘郊與宗廟對文也。又引《楚語》：「禘郊不過繭栗，烝嘗不過把握。」此二句雖以烝嘗另説，然即以祭其先祖之祭，禘自是大祭，烝嘗自是四時之祭，又何不可分言，而必謂禘是祭天乎？且假如以禘爲祭天，而冬至之郊與祈穀有二天乎？鄭氏雖蔓衍糾紛，有「感生帝」、「六天」等説，而未敢以昊天與上帝分爲二也。今金榜者，乃敢以昊天與上帝分而爲二。金榜者，其人曾官翰林修撰，而敢于創此臆説。凡在藝林者，皆宜痛闢之。蓋古者言禮之家，各有師承。若必欲以某經之説禮，與某經之説禮合而質之，此項平甫所謂醫者以攻補、雜治並投，未有不格閡者也。方綱亦欲爲吾學侶舉一隅，曰：「言《禮經》者，但當纂言，而不當纂禮。」蓋纂言，則不過傳疏之同異考析而已。若欲纂禮，則居今日而訂定古禮，非啓生今反古之漸乎？宋儒徐節孝先生已疑《喪服傳》「父在爲母朞」之説，非聖人所作。韓文公謂《儀禮》難讀者，亦非謂其難于成誦，正謂古人之禮，今未能一一悉如目睹耳。且古人祭必有尸，今可行乎？即使實有祭天名禘之確據，亦仍是郊天之祭、祈穀之祭，並無二天也。况又無古籍可據，而豈可以妄信鄭説哉！

梁崔靈恩《三禮義宗》，朱氏《經義考》云：「佚。」昔聞臨川李氏家有舊寫本，不知其卷次，欲借之，無由也。及予視學江西，按試撫郡，托臨川學官于李氏家訪之，云所存舊寫本尚多，而此書檢之不獲，至今耿耿於懷。

周禮

《春秋・文十七年傳》：「先君周公制《周禮》，曰：『則以觀德，德以處事，事以度功，功以食民。』」孔《疏》言「制《周禮》曰」謂制禮之時有此語耳，此非《周禮》之文。孔《疏》此條乃因後世所傳《周官禮》無此文，故謂此非《周禮》之文。蓋在唐初已如此矣。其實《左氏》所載此數語，乃是周公所制《周禮》之文。魯，周公後也。而此時猶待太史克述此文，則周公所制《周禮》必有成書，而文公時已不能人人皆舉其辭，則《周禮》之成書不傳久矣。今《周禮》既有六官之成書，固必不可執《左氏》所載此條，而盡疑《周禮》全經也。然而《左氏》所引此文，確是《周禮》本書之可信者，學者正亦不可不知。

《周官禮》書首有唐賈公彦等奉勅撰序，此文止説官制耳。而賈公彦《序周禮廢興》一篇，則此經之原委在焉，鄭氏注之序略亦具在焉。此宜載于《周官禮》注疏卷前者也。朱氏《經義考》亦失載。

自注疏而外，治《周禮》之書，有能裨益於稽古者，不多見。世所常行，則宋王次點之《周禮訂義》，所採舊説，惟杜子春、鄭興、鄭衆、鄭玄、崔靈恩、賈公彦爲近古，餘多是宋人書。宋人以後，多研求義理，而于考訂究鮮所資也。王次點嘗據《尚書·周官》司空之職，謂《冬官》未嘗亡。此則俞庭椿《復古編》之類，幸此《周禮訂義》内尚無此補緝一卷爲之累耳。

《周禮》鄭注所云「故書作某」，皆當日出于山巖屋壁，時之舊寫古字存之，得與今本相校證，最爲有益。但學者不可因此致啓嗜異之漸耳。《儀禮》亦有「古文作某」、「今文作某」，皆在鄭注。此可據以作《周禮》、《儀禮》古今文考也。然其撰次之功，正宜慎之。近日段氏玉裁作《周禮漢讀考》，所謂漢讀者，鄭讀耳。其書於六書形聲之學頗詳審矣，而亦不能無牽傅處。

儀禮

《儀禮》最古，以《易·豐》《中孚》二條證之。詳《易附記》。《易》之爲書，在殷之末世，而《經禮》諸篇已具其文矣，此其信而有徵者。

韓文公言《儀禮》難讀，且言于今無所用。韓子尚爲此言，無怪乎學者于《儀禮》罕究心矣。愚竊謂治《禮經》者，惟以考據爲要，不以議禮爲功。蓋議禮制非儒者事也，況古今時勢異宜，學者豈能一一如親睹古制者？非僭妄，則穿鑿也。是以愚有纂言而不纂禮之説，爲學者正告焉。

朱子《儀禮經傳通解》，誠古今禮書之大綱矣。黄勉齋、楊信齋皆與有功焉。楊信齋之《儀禮圖》，則必不可少之書。此非有心議禮以爲之圖也，猶夫注疏内偶作州長旐旟之圖。蓋疏解至此，不爲圖，則其説無由明白。所以信齋之圖，每條列經文，而其圖乃明，而其經乃明也。至如陳氏祥道、聶氏崇義之禮圖，亦豈果親見之？實亦説禮者不得不爲之圖耳。近日江南後生有撰禮圖者，不載經文，而其圖極詳，真若處處件件嘗得諸目見者。此則不可援楊信齋之圖以藉口矣。

《儀禮》十七篇，其有記者十一篇，而記之體例亦不盡同，蓋諸篇之記非出于一時一人也。賈疏謂記在幽厲以後、子夏以前者，可勿泥耳。

敖氏謂《喪服》一篇，疑非子夏作。其説是也。宋節孝先生徐積疑《喪服》篇「父在爲母朞年」之説。此自是天理人情之至，豈得以疑經目之？詳見《附記》。

《儀禮》與諸經相證者，若《聘禮》與《易・豐》初九相證，《士虞禮》與《中孚》初九相證，又若《射禮》、《燕禮》樂節與《詩》篇相證，又若《特牲饋食禮》與《中庸》旅酬相證。至於《春秋傳》叔向曰「王一歲而有三年之喪二」，或有援以證《喪服》篇者，則不若《孟子》「齊宣王欲短喪，公孫丑曰：『爲期之喪，猶愈于已。』」此則信足以斷定「父在爲母期年」之説之必非古禮者也。

愚所以竊有纂言不纂禮之説者，蓋古時之制度、名物，苟非確見、確證，則寧且闕之，况于演測以爲斷定者哉？即如《春秋》，杞或稱侯，或稱伯，又或稱子，注家每謂時王所黜。此非確有證據者，其可信乎？如禮家偶有與周時典制不合者，遂妄意疑以爲夏殷之制。此非確有證據者，其可信乎？且如《春秋傳》「筮，遇艮之八」，注以八爲雜用《連山》、《歸藏》，則如《晋語》

「筮，得貞屯、悔豫皆八」，又豈皆雜用《連山》、《歸藏》乎？大抵無所定據者，則闕之可耳。又如實有證據而反生岐者，如《堯典》「四仲」，確是建寅四序之證矣，而或轉疑三代以前建子、丑者。又如比年小聘、三年大聘、五年一朝，乃《左傳》載晋文公、襄公時之制。漢文帝時博士採以入《王制》，初未言某王之制也，而《中庸》言「文武方册」，則似未可以此實之耳。

《儀禮》可與諸經相證，而《周禮》無一語與諸經相證。惟有一條，則《冬官》「梓人」與《大戴禮》「射侯辭」足相證也。又《大戴禮·諸侯釁廟》篇與《小戴記·雜記》下篇可相證也。

蘇齋筆記卷第三

大學

《大學》、《中庸》本在《小戴記》，先《中庸》而後《大學》，此特《小戴記》目次如此。朱子定四書之次序，則先《大學》後《中庸》。近時考證家乃謂宜依戴氏原次，不宜依朱子以《大學》置《中庸》之前。此則泥古之説所無庸也。至衛氏《集説》不依朱子《大學》定本，而却載朱子《章句》於諸家解説内，則又失其指。

昔遊廬山，入白鹿洞書院，見講堂壁石刻王陽明書《大學》古本。竊爲諸生正告其非，嘗賦詩記之。《大學》古本，諸家各有考定之本，即二程子所定本，亦與朱子不同。然竊謂此古今公理，非阿比朱子也。自以朱子所定經傳次序確不可易，學者必不可生嗜異之見也。

惟經傳以綱領、條目相承，是一經九傳，非十傳也。實無釋本末之傳，實不必補格物致知之傳。聖經一章首節「三綱領」下即接「古之欲明明德於天下」二節，八條目也。傳之首章釋明明德，傳之二章釋新民，傳之三章釋止於至善。此下即格物致知之傳。「知止而後有定」至「則近道矣」，此下第一個「此謂知本」。即所謂疑衍文之「此謂知本」也。此以上明明德之格物致知。「子曰：『聽訟，吾猶人也』」至「大畏民志」，此下第二個「此謂知本」。此新民之格物致知。「此謂知之至也」一句總收，此是傳之四章，釋格物致知。傳之五章釋誠意，至傳之九章釋治國平天下，綱領條目井然。此南宋丞相董文清槐之説，當爲定論。若使朱子聞之，亦必愜當，不補此傳矣。本末與終始同義，若有釋本末一章，則終始豈亦須釋乎？朱子《章句》已明言明德爲本，新民爲末，則是格物者格此而已，致知者致此而已，豈有另將本末特釋一章者乎？既無衍文之疑，亦不費補傳矣。董氏此説，後於朱子六十餘年，此《大學》定本也。詳具《大學附記》。

古經之文，各指所之，不能盡詳其辭句之同異、先後也。「元者善之長」數句，見於《春秋傳》，豈得謂《文言》用《左氏傳》乎？「人心惟危」四句，亦或見他書者，又豈得妄説此襲彼乎？凡讀經皆須知此義，不可泥執，不可臆度也。《大學》「如切如磋者，道學也」以下數句又見於《爾雅》，其有謂《大學》在前者，又謂《爾雅》在前者，皆妄臆之説。凡若此者，惟有循文以釋其義，愼勿妄斷。

論者皆知鄭康成好改經字，其爲之斡旋者，則謂仍其舊未改，而注其讀於下，然究不得謂鄭氏未改經字也。愚則竊有平心之論焉。若謂鄭康成不當改經字，則如「鴻漸于陸」改「逵」，豈出自康成乎？《禮運》「交於旦明」，鄭謂「旦」是「神」字。此自是經之本字，如此，非改字也。近人有段玉裁者，精於《説文》形聲之學，乃執鄭讀諸字，撰《漢讀考》書。不謂之鄭讀，而謂之漢讀，此非强傅鄭説乎？治經自不可不究六書形聲，而要以義理爲定，此亦所謂利不什者不變法也。《大學》之「親民」讀爲新，「自謙」讀爲慊，自是經之本字如此，豈得專目之曰宋讀乎？惟「身有所忿懥」，則不應讀爲心也。身字於義理、文勢皆極明白。若讀爲心，則反滯矣。至於「苟日新」，則非草頭之苟字，此在《説文》艹部。苟，音棘，自急敕也。此與急字音義並同，《盤銘》首欲其急圖自新也。然後下句「日日」字，接得舒緩，亦文字一定之理。此與草部苟字形聲義皆迥别。《儀禮》「賓爲苟敬」，即此急敕之義，而鄭氏注言苟且之敬，豈可乎？《詩》「無易由言，無曰苟矣」，亦是此字，言勿藉口於急發而輕易其言也。詳見《附記》卷内。

朱子於《大學》篇首云：「大，舊音泰，今讀如字。」乍看此注，似無關義要者，然即此八字，具見《章句》之指歸，示人明切也。《王制》「小學在公宫南之左，大學在郊」，陸氏《釋文》無音也。《學記》「大學之道」、「大學之教」、「大學之法」，陸氏《釋文》皆無音也。蓋在《禮經》，此字初不必有音釋，而今入《四書》，其篇首提唱《大學》，恐讀者習焉不察，不知其即古制之辟雍矣。此音釋正與序言「古之大學」同一義也。然《學記》内提唱大學，不詳其綱目，而此篇特著之，則六經實功惟見於此。所以朱子云：「蓋孔子之言，而曾子述之。」歷考《易》、《書》、《詩》、《春秋》以來明切示人者，無過此篇，亦斷無第二人能爲此言者。始服朱子此語，與篇首程子一條相證，此實三代以下，直接洙泗心傳之詣。知此，則朱子所議昌黎《原道》之説，不爲無因。昌黎《原道》不引格物致知，此別有説，不應議之。已見《附記》卷内。而「知止」二節應在格物傳内，不在聖經内，更明白矣。知此，則雖同在《戴記》，而《學記》自論教學之義，至《大學》，乃詳列綱目，亦更明白矣。陳雲莊乃援石梁王氏説，疑《學記》之空泛，則何也！

中庸

《漢書·藝文志》：「《禮》。《古經》五十六卷。《經》七十篇，后氏、戴氏。《記》百三十一篇，七十子後學者所記也。」此下云：「《明堂陰陽》三十三篇。《王史氏》二十一篇。《曲臺后倉》九篇。《中庸説》二篇。」「《曲臺后倉》九篇」注，如淳曰：「行禮射於曲臺，后倉爲記，故名曰《曲臺記》。」詳此注，則后倉《曲臺記》是記禮射之事，非上所云后氏、戴記《經》七十篇者也。「《中庸説》二篇」注，師古曰：「今《禮記》有《中庸》一篇，亦非本禮經，蓋此之流。」詳此注，則《中庸説》亦非上所云后氏、戴氏《經》七十篇者也。此條在「《中庸説》二篇」下，其言「蓋此之流」云者，非謂《禮記》之《中庸》篇與此《中庸説》同一書也。此師古注意，以《明堂陰陽》、《王史氏記》、《后倉曲臺》與《中庸説》皆與七十子後學所記同在《禮》類，而非《禮》古經之本篇，故言「蓋此之流」。「此」者，指「七十子後學所記」以下五種言之，非專指《中庸説》，亦非專指《禮記》内之《中庸》篇也。所以既云《明堂陰陽》三十三篇，又有《明堂陰陽説》五篇，則亦在非《禮》古經之類中矣。「蓋此之流」四字，上下通照之辭。即看其末句「凡《禮》十三家五百五十五篇」，此一句總結，已具有上所列之《軍禮司馬法》百五十五篇矣，而其下又注云「入《司馬法》一家百五十五篇」。師古注「蓋此之流」云者，亦猶此上下互見之辭耳，而何以王柏誤讀《漢志》，欲析今《中庸》爲上下二篇乎？秀水朱氏《經義考》，遂不深考，而妄引之。又以顔師古此注語題作「顔師古曰」，不著其爲《藝文志》此條下之注語，皆坐未熟讀《漢志》耳。而豈可援以説今《禮記》内之《中庸》篇乎？

再以《漢志》此條詳之。所謂《中庸説》二篇，今雖未見其書，要是説《中庸》篇之義也。則《中庸》是《禮記》之目，即《藝文志》此條可見，其在《小戴記》中，非戴聖始編入者也。此下云：「故曰：『禮經三百，威儀三千。』」顔注謂「三百」，韋昭説《周禮》三百六十官。此説非也。「三百」正是瓚説冠、昏之類，「三千」則又其中之細目耳。所引故曰：「雖未必即今《中庸》語，而實可爲《中庸》之證。」《中庸》一書，所謂中和中庸，皆指禮。言自以方策九經，郊社、禘嘗、宗廟、追王諸節，是「中庸」二字之實際。今朱子《章句》序謂子思爲道統而作，固是舉其大者言之，而其原在《禮經》，則當以《漢志》證之。

宋史以道學别自立傳，遂開後人以漢學、宋學分爲二途，此大誤也。朱子《中庸章句序》推本「允執厥中，危微精一」之訓，自是堯舜孔孟後先揆一之旨，何必有某代傳某代之執論乎？後世不善論者，轉執他書有人心道心之語，遂謂出自道經。不知所謂道經者，何代之書也？若果夏商已前遺文，有此相近之語，亦當並存，而不敢斷其後先也。前《大學》「如切如磋者」條已詳之。况其所稽考出於後人而可妄斷乎？朱子謂《中庸》「子思爲道統作」，自是治經之本論也。特其人於《禮記》，爲言禮所必徵，則學者又不可不知耳。朱子《易本義》，雲峰胡氏有《通釋》一書，即《本義》之疏也。若朱子之《章句集注》，學者束髮受讀，終身習焉，而無有人能爲作疏者。今嗜學之士，反欲爲趙岐《孟子注》作疏。其實非有所考據也，不過欲於常行之朱注立異而已。蓋爲朱子《章句》作疏者，亦非盡如孔疏之於杜注，必申此抑彼也。如「議禮制度考文」，《章句》不言五禮、五度、六書，此則當知鄭注之未能該括，而後詳繹之。如「朝聘以時」，《章句》用《左傳》、《王制》以實之，亦當知鄭注之闕慎。如「栽者培之」，亦當知陸《釋》與鄭説不合。如「蒲盧」，亦當辨沈括之異義。如「卷，區也」，則黄東發詳之。此等皆不可空過，又不可阿比者也。

顧起元《中庸外傳》曰：「鄭注分爲三十三截，中有不宜截而截者，見有『子曰』字即截之。」

翟灝曰：「惟篇末『聲色之於以化民』數句，别爲一截，似其不審義理，因有『子曰』字截之耳。餘亦不盡然。」朱子文集《書中庸後》曰：「某嘗伏讀其書，以己意分其章句。」按，注疏本《中庸》分三十三段，與朱子所分三十三章不同。竊詳《禮記》惟《樂記》十一篇乃劉向《别録》本有者，其餘諸篇原皆無章次。若朱子分定《中庸》三十三章，則學者勿以其非古經所原有而妄議之可矣。然《自誠明章》章句云「子思承上章夫子天道、人道之意而立言」，則可見朱子雖分三十三章，而實有不必泥其劃界者。又况講章所謂分三大支者，更無庸矣。

論語

《漢書·藝文志》，《論語》在《春秋》之次、《孝經》之前，尚不與《子思》、《曾子》、《孟子》列於儒家者同條，是《論語》爲孔門正經之最先者矣。

《隸釋》：「《論語》篇末，盇、毛、包、周有無不同之説。」陸氏《釋文序録》云：「周氏不詳何人。」此周氏自是後漢時人。近日全氏祖望謂《困學紀聞》「張、包、周」，周是周生烈，非也。

黄勉齋謂朱子《論語集注》於一字未安，一語未順，覃思静慮，更易不置，或一二日而未已。

此學者所宜知也。嘗見朱子手稿《顔淵篇集注》一卷，每紙畫直界線五行，小行草書。「晁氏曰不憂不懼」句，至「以友輔仁」，中間塗改甚多。原是上下二册，上册《先進》篇，此下册前失去「顔淵」、「仲弓」、「司馬牛」三章。王文恪鏊所藏。

《漢志》「論語」部内有《孔子家語》二十七篇、《孔子三朝》七篇、《孔子徒人圖法》二卷。朱氏《經義考》云：「《徒人圖法》，殆即《家語》所云『弟子解』，《史記》所云『弟子籍』也。」

所謂「兩子張」者，蓋即「子張問從政」章，或以「從政」名篇，又或以「子張」題其篇，此《齊論語》也。《齊論語》多《問王》、《知道》二篇。王伯厚疑「問王」當是「問玉」。然《論語》篇名如《學而》、《爲政》，皆取篇首之字題之，非檃括其文義而題之也。若以「問玉」名篇，以「從政」名篇，則豈《齊論語》篇題之例異耶？若有兩《子張》篇，則仍是取篇首字也，抑豈因前有「子張」篇名之題，而别題曰「從政」歟？題篇之例，無關義要。然如邢疏誤沿陸釋之説，於《爲政》篇次章「思無邪」，亦以爲政之道言之，則後人有迂滯如此者，是篇題亦不得不詳考耳。

《論語》或謂曾子、有子，門人所記，此固不能詳考。然聖言垂訓萬世，皆親承聽受之語，而却非必悉出於當時言下輒筆之簡編也。其中亦有言下輒書諸簡者，後來次第編録之。抑或有追記成文者，即如當時之人，若陳恒叔、孫州仇皆稱謚矣。聖門弟子，惟曾子年最少，而《論語》

記其臨終之言，并問疾之。孟敬子，亦是身後書謚，則此記録最在後矣。若問仁、問政之類，有問同答異者，亦必因其所問詳略不同，而各切指之。記者則但以聖言爲主，不過略叙其答問之端而已，又非可執一而論也。

記者不必依類，而亦有因類記者。《鄉黨》一篇，不必言矣，餘若論門弟子之類、論諸國大夫之類。如「晨門」、「荷蕢」二章，亦與「辟世」章類次之。如「接輿」、「沮溺」數章，亦與孔子行類次之。第不必諸篇皆有類例耳。

近日江氏永《鄉黨圖考》一編，於名物典制極有功。其最要者，辨孔氏無三世出妻事也。詳具《附記》。聖母并官氏，是「并」字據漢《禮器碑》、唐《元和姓纂》，灼然無疑，學者不可不知。

吾門人實應劉台拱，字端林，好學深思人也。在京師，每來吾齋説《論語》數事。今其遺書，阮芸臺中丞刻之，人多推其《論語》諸條。今觀其遺書，於諸經内説《論語》者爲多。然猶記其口説「雅言」章，今刻本内有之，此條實爲精當。若其餘諸條，多與《集注》異者，亦未能悉當也。恐啓學人嗜異之漸，不可不記。詳具《附記》。

「山梁雌雉」節「三嗅」，「嗅」即《爾疋》「狊」字。古闃切，上从日，不从自。與「嗅」不同，「嗅」訛寫「嗅」。陸氏《釋文》在唐初已誤作「許又反」矣。杜詩「臨風三嗅」即用此也，經學之不詳考久矣。

孟子

漢唐石經皆未有《孟子》，唐石經今有《孟子》，乃後人補刻也。孟蜀石經《孟子》亦宋宣和時所補刻。

《孟子》趙岐注已經後人删截，非其舊矣。常熟毛扆從真定梁氏借得宋槧本，又近日戴震以章丘李氏藏毛所影抄北宋本合校，曲阜孔繼涵刻之。

《孟子疏》，題孫奭撰。《朱子語類》曰：「《孟子疏》乃邵武士人假作，非孫奭《音義》比也。」近日餘姚邵晋涵爲趙注作疏，予嘗屢借其稿而未得見。

近日杭人周廣業撰《孟子四考》，於出處前後頗極詳核。「燕人畔」章末集經引三山林氏曰：「《孟子》此書記事散出，而無先後之次，故其説必參考而後通。若以第二篇十章、十一章置之前章之後、此章之前，則孟子之意不待論説而自明矣。」林氏此條實齊人代燕事前後大關捩也。然《孟子》七篇，亦不得謂盡不類次。如齊、梁、滕諸國之語，亦皆類次記之。後四篇則多是退而垂教之言，亦閒有補記者耳。

《易》、《書》、《詩》、《春秋》、《論語》，而後聖門垂訓，開萬世學術者，莫先於《孟子》。若道性善稱堯舜，崇王黜霸，學者皆知其大端矣。至於貫串百家，典制考核，亦惟善讀《孟子》而後知之。即舉其大者，如禮制、官制、田制皆在焉，而不善讀者乃轉疑之。此不特不善讀《孟子》，亦即千古學術醇疵所由定也。昔周文公相王室，其於議禮、議官諸制，必親畫定成書。自平王東遷以後，如晉叔向之賢，尚有知有不知；如韓宣子聘魯，始得見《易象》、《春秋》；如宋向戌、鄭子産獻禮於楚，始略舉所知數事；如周之王子竟敢竊其典籍以如楚。凡若此類，皆足徵孟子未生以前，周室班爵制禄、議禮設官，一切成規，久無存者。故於滕君之喪，則曰：「諸侯之禮，吾未之學。」於北宫之問，則曰：「諸侯惡其害己，而皆去其籍。」假如周公制作，果有六官之籍見存，則以孟子大賢，豈有不知者乎？四代之服器官，魯皆有之者，必是魯能存其説也。而《明堂位》意在尊魯，亦第舉其大凡而已。孟子曰「嘗聞其略」，則後人又豈能詳考之乎？滕君實有行仁政之誠，故孟子不於齊梁言之，而獨於滕言之。滕國五十里，不過如後世一縣耳。而詳稱九一什一、圭田五十、餘夫二十五者，豈其真就滕地區畫之哉！特舉此以見王政大端如此。若果當時真能就時度勢，則潤澤之詳，斷不泥古以措置之者也。假如齊宣、梁惠能有使畢戰之問，不知孟子又當如何稽古準今以見成效矣。所以慨然説到「天未欲平治天下」，此自是當日惓惓去齊時，一段不忍言之苦衷而已。然而古今時地、先後不同，設使孟子竟能借手大邦以行仁政，自必按驗時勢，自有籌畫，亦未必一一悉用當日保釐東郊時所定板樣法也。何況後世又隔千百年，而欲擬周官以立法者乎？豈但孟子，即昔聖，已言其或繼周，百世可知，亦必非夏造殷因之板樣文字也。又如九州水道，後先異宜，在孟子時撮舉古事，亦豈必譜按《水經》，而後人顧疑所舉水道未合。孟子固不能如夏時史臣親得諸敷土隨刊之績者，而《禹貢》亦已未言汝水之名，則又何自而一一辨核之？至如「齊宣欲短喪」一章，其時齊王尚在，而王子爲其母喪，又非齊王之正妻，而爲期之喪，加一日愈於已，反復推論，則所謂父在爲母（暮）〔朞〕年之説，必非聖賢所取可知。就此條驗之，則父在爲母（暮）〔朞〕年之説，與滕國父兄百官謂先君莫行三年者，相去無幾。故必善讀《孟子》，能見其大者，而後世一切考辨核正，固有必宜尋蹤者，亦有斷不必置論者。願敬告吾學侶，且擬敬慎繹思。縱不能竊附於萬章、公孫丑之豪末，而勿作王莽、王安石之流，庶可以平心虚衷，遍讀諸經矣。

孝經

《漢志》，《易》、《書》、《詩》、《春秋》之次，即《論語》、《孝經》。若《家語》之屬，則附《論語》。

若《五經石渠論》、《爾雅》之屬，則附《孝經》。而《曾子》、《孟子》，俱入「儒家」。自是編校藝文，次第如此。至朱子始以《大學》、《中庸》、《論語》、《孟子》合爲《四書》，實古今儒門集成垂教之定式。《孝經》同是正經，而未立學官以取士者，則並非因朱子有《孝經刊誤》，而疑其不與諸經同貫也。是以愚惟深取《漢志》「舉大者言」一語，足爲讀《孝經》之法。而朱子所撰《刊誤》，本不列於膠庠，學者或勿執焉可矣。

《孝經》古注不足發明精義，自必有賴朱子起而詮次之。乃朱子反疑此經，致有《孝經刊誤》一編。雖黄震《日鈔》説似平允，然亦未能知朱子《刊誤》之非。後世學者於朱子諸經傳説，偶有異同，輒紛紜好生歧説，而獨《孝經刊誤》爲朱子著述之累，莫有敢糾正者。愚惟舉《漢志》「舉大者言」一語，以代此經注脚。而於《刊誤》一編，竊妄欲擬一語曰：「疑非朱子之書耳。」詳具《附記》。

《漢志》謂《孝經》「舉大者言」，只此四字，抵得全經注釋。若朱子《刊誤》之作，似竟未理會《漢志》此條也。蓋謂之《孝經》者，原非必若《儀禮》爲經，經與記對言，經與緯對言也。聖門垂訓，豈知後代有諸家注釋之多其詞説者哉？漢儒説經，原不能如宋儒之抉入精奥。但諸經初自漢時師承有緒，各記所聞，以備後來詳擇而已，原不得以漢學爲疏也。至宋儒，則每事必闡其義理，於是處處細入。如陳氏《禮記集説》所援石梁王氏者，直以《學記》爲空泛。似乎既名《學記》，即應開具條目時課，若後人所撰學校條規之類者，然後愜於讀者之心耳。此石梁王氏者，不傳其名氏，竟是專一刻求。宋儒之學者如此，則無怪乎朱子有《孝經刊誤》之作矣。愚正欲勸人篤守程朱，以專趨嚮，豈敢於此轉議宋儒乎？然而治經之道有通塗焉，其泥守宋儒與泥執漢學者，厥弊均也。故不得不借《孝經》此條説之。

治經

治經以義理爲主，然而考證、訓詁、校讎，皆所必精求者。義理必資於考證也，考證必資於訓詁也，考證、訓詁必資於校讎也。究其所以考證、訓詁、校讎者，何爲也哉？曰：「欲以明義理而已。」其專言義理者，考證之不知，訓詁之不詳，校讎之不事，而空言義理。其庸陋者，如冥行闇索，必無所得，固然已。即其通敏者，自恃所見之明，轉以掃棄一切爲能事。則如有宋諸儒，義理既明，乃往往不留意考證，不詳審訓詁者，則於精求義理之方，仍有所未盡也。於是考證、訓詁之家起而厭薄之。常熟毛氏汲古閣刻《十三經注疏》，求序於彼時所稱能文之某家，其人蓋明末習於八股時文者，夙未精研注疏也。一旦見專刻注疏，欲推揚之，遂極口斥宋儒空言義理之失，以歸美於漢學，豈知荀、虞、馬、鄭之徒非以此炫博聞也。彼其時諸經初立於學官，學人各有師承，自不得不綜覈以引其緒，曷嘗有漢學與義理之學相對樹幟者乎？迨至宋時，濂洛之徒，大闡義藴，而又不暇旁搜博綜，則全賴乎後之善學者精審所適從，以求入道之路，豈可以門户黨援之習，溷入正學之階梯乎？故必先明乎考證之博、訓詁之詳、校讎之精，三者一貫，以平心虚衷求之，則不致空言義理，而亦不致侈言考證，呆講訓詁、校讎之失矣。

義理之學、考證之學、訓詁之學、校讎之學，非四事也，實一事也，此四者歸於一事矣。而治經有要言，則聖人語顓孫之三言也，曰「多聞」、曰「闕疑」、曰「慎言」。知斯三者，則寡尤悔矣。後世傳注解釋百千其家，亦實有無甚關切者。然而或有千慮而一得焉，或彼聞而此未聞焉，抱一家之説，而不知其又有一説，即使彼説可無庸，而何妨參質之？嘗舉詩文集内句旁偶注「一作某」。所謂「一作某」者，未必確也，而參合之，愈顯正本之善。聞見之不廣，巧者不過習者之門，奈之何不旁搜博覽也？能觀千劍，則知劍矣。此重賴乎多聞也。載籍極（薄）〔博〕，不厭詳陳，而是非得失叢出焉。且甲戌己丑，陳國有再赴之文，蔡邕石碑當時已闕蝕二字，後世板本更多訛異。況本舉其數，未陳其詳，撮其綱，未臚其目。即使別見他籍，焉得一一舉彼以證此耶？是有二焉，其實關義要，不得不明言者，則可據文以測之。其撮舉已得大端而無煩細覈者，并不必據文以測之。故演説之弊，爲害最大也，則皆不闕疑之過也。聖人之經，未嘗預料後世欲作箋釋也。解經者，非必逐條皆能順其文代説之也。惟後之强作解者，乃必句句字字皆以我意代宣前人之意。又或甫見某經某注之一語，即發悟解，奮筆而説之。異時以他書對勘，乃知是誤會也。蓋治經非必欲説經也，經亦非必强人以加注也。苟繹其辭，饜於心，而緩緩説之，奚害焉？治經本無事於增説也，不得已而後言，故曰慎也。

治經之弊有二：曰好勝，曰嗜異也。好勝之弊，不專在治經，凡事皆然，凡學問皆然，而於治經尤甚。蓋有前人成説，本自平正坦易，讀者第期明曉而已，原無容外求也。自逞聰明，意氣用事者，輒思獨出意見以參互之，鮮有不偏曲者矣。又或有前人一説，本有涉於矯拂，抑或駁難抑揚，不無稍過，而讀者不受其羈制，輒又生端以更張之。不知理本大公，豈容一豪參涉私意，是先失治經之本矣。嗜異之弊，則其原在不明理，乃滋炫博矜奇之漸。此與博聞迥乎不（因）〔同〕。博聞者，所以植從事之根基也；嗜異者，則趨嚮先不得所主也。人情厭故喜新，而義理則無新故之別。士人束髮入塾，即誦習朱子之書。及其後稍有知識，輒敢駁程朱者，皆嗜異之弊爲之也。《易》本義雖稍略，而義至精。即欲博睹詳求，通徹古籍，亦非一家能盡，而好異者乃專從事於荀、虞。毛、鄭《傳》《箋》未嘗精通，而乃好從事齊、魯、韓。《左氏傳》爲讀《春秋》之正經，而乃好從事於《公羊》。《小戴記》之精華未能探討，而乃好從事於《大戴》。夫荀、虞之《易》，齊、魯、韓之《詩》，公羊之《傳》，大戴之《禮》，非不當從事也。然吾見如此者，皆嗜異之習，不過藉以文其固陋而已，則豈治經之正哉？

義理之學、考證之學、訓詁之學，皆有一言以行之者，曰文勢也。古經籍之作，原非後人爲文之比。然而經亦文也，天之星雲風露皆文也，地之山川草木皆文也，人之威儀行止皆文也，豈僅操觚爲文，然後謂之文哉？文則必有淺深曲直之宜，開合反正之勢。自上古聖人作書契以來，未有外此者也。知爲文之義法，則知所以治經矣。然而論文之中，又有原委正變之不同，則所恃以無岐路者，仍在于平心虛衷而已。文即道也，未有離道以言文者也。韓子約六經之旨而成文，而又云「怪怪奇奇」者，豈文有二義哉？此則千塗萬轍，各指所之，而山陬海澨之異境，與康莊之坦轍，同歸於惟民所止而已。定識定力，與學養交致其功，豈有二事乎哉？

古人左圖右史，圖亦治經所必需也。楊氏《六經圖》雖略具其概，而其中未嘗無分別觀者。楊信齋《儀禮圖》則專以圖成帙矣。即陳祥道、聶崇儀之《禮圖》，亦何嘗不資考證乎？近日胡東樵《禹貢》水道之圖數十幅矣。又近日江慎修有《鄉黨圖考》，戴東原有《考工記圖》。即其偶爲一事言者，如州鄭、旐旟皆有圖，如殷人五遷皆有圖。甚至近日郎瑛於伊尹就湯、就桀皆有圖。亦皆不得謂其不必圖也。然惟《周易》卷前之卦變圖，則可毋庸作也。豈惟卦變圖哉？即《先天方圓圖》亦無庸也。大約後人治《易》者，每好作圖，亦治經之一累耳。

治經必視乎説經之書矣。説經之家，約有二焉：一則順文詳説，一則摘字考訂。二者皆欲以明經而已，而其道不同。以粗迹言之，則順文詳説者，識其大也；摘字考訂者，識其小也。以實獲言之，則順文詳説者，多俗學也；摘字考訂者，多樸學也。吾謂二者分途而能合之，則善矣。凡順文詳説者，似可以領其要，會其大旨矣。然而中遇字句之格閡、典實之窘乏，則亦且順其大意，以略舉之。以爲大義既得，而其間紆曲榛梗，無妨于翔步乎？夫欲通其塗，而仄逕幽阻，顧置弗問乎？吾不得不由隨事隨物之考辨以救之也。竹頭木屑，皆資用矣；簞食豆羹，皆充腸矣。未有忽于細微，而徒觀其大略者也。若夫摘字考訂，或在典制時代，或在訓詁形聲，此則必合其上下章指節次以定之。每見嗜學之士，偶於劄記摘某經某事以見所得。此是其平日精力所聚，較之順文訓義者，合處較多。然究必合其上下章指節次而後可定也。即如近人武進臧玉林琳《經義雜記》一書，考析最精。偶見有舉《左傳》錯簡，乃是襄二十六年「會于夷儀之歲」一條，因杜注而目爲錯簡。不知此是杜氏之誤，《左氏》初不誤也。詳愚《附記》。又如吾友錢辛楣《養新録》一編，亦多資于訂證。其開卷謂《易·小畜》「畜」字不應訓止，以爲是後儒因「大畜艮止」「止」字而誤，并《孟子》「畜君」亦誤訓止。不知此訓止義，不始於孔疏，乃自王注已如此。況《孟子》趙注「畜」訓悦，悦即好義，此則趙注之不可從者耳。又如近日高郵王伯申引之《經義述聞》一書，多採證《廣韻》諸書，極爲精核，其允當者蓋十之八九。即如《易

·繫辭傳》「噫亦要存亡吉凶」，「噫」字，伯申謂即「抑」字，《詩》「抑此皇父」，「抑」當是「噫」字，此説最精。然愚謂《繫辭》此段「亦要存亡吉凶」，若果正承接上一節言之，則即或用歎聲之「噫」，亦奚不可？朱子早疑此「噫」字也。然此「存亡吉凶」句，實從上節又抽轉言之，則必非歎聲之「噫」矣。《小雅》「抑此皇父」，斥皇父，乃作歎聲之「噫」。伯申此説，所以至當不可易也。又如《書·盤庚》「暫遇姦宄」，「暫遇」二字，諸家説皆未安。王伯申云：「『暫遇』二字，必亦是實字，與下『姦宄』一例。」此説當矣。至其如何訓作實字，則究當闕疑。王君乃詳徵諸書形聲相涉者，以爲「暫」是某字，「遇」是某字，博極援引，以詁此二字，乃得與「姦宄」二字作一例之訓義，則太過紆曲矣。太過紆曲，固亦不妨，然而開多少假借之途，則何必哉？吾於「暫遇」二字，信其爲「姦宄」一例之實字，而不敢定其應讀作某。此則知其大意，而闕所不知，未爲害也。蓋假借之太紆曲者，須防其轉而相之之弊。然此等假借紆曲之説，吾雖不盡許之，仍勝于沈括解「蒲盧」之類耳。

蘇齋筆記卷第四

爾雅

《爾雅》列於十三經，而言訓詁，必首《爾雅》。朱氏《經義考》未分小學之目。昔嘗與門人南康謝藴山啓昆言之，謂應補撰小學一門。其後藴山積數十年之功，撰《小學考》一編，就予審正，尚未鋟梓，亦尚有未詳校勘者。

近日餘姚邵晋（函）〔涵〕撰《爾雅正義》，頗詳核，勝於邢《疏》。其書已鋟行，亦間有未詳校處，實讀《爾雅》者所必資也。

張揖、陸元朗諸家皆以《爾雅》爲周公作。揚子雲謂是孔門游、夏之徒所記，以解釋六藝。今按《爾雅》之本於周公，必非假托。至於「張仲孝友」、「梁山晋望」，皆非周初語，則或以爲孔門之徒所類記。即「如切如磋者，道學也」諸語與《大學》相同，亦可證也。若歐陽子直以爲非聖人之書，謂是秦漢間所纂輯，則未然也。大約至有宋，諸儒不甚信《爾雅》、《説文》，遂漸啓明人專習八股、不知考據之漸矣。

「從《釋地》已下至九河，皆禹所名也。」此句是《釋地》、《釋丘》、《釋山》、《釋水》四篇之總題。而其間却有「梁山，晋望也」，夏禹時安得有晋國乎？即此一句，可知全經或有後來增入之文矣，亦不得因有後人所增，而謂是秦漢時所輯耳。

張晏曰：「爾，近也；雅，正也。」近正云者，邢《疏》言可近而取正。此語尚未明豁，蓋合形聲義皆在近正之中，則與《方言》正俗相通，是爲訓詁之正經耳。近者，類近之近，非可近之近。

訓詁必資校讎之善。邢《疏》之後，得邵氏《正義》補之，亦詳且博矣。近見明嘉靖時吴元恭影宋槧本，郭注内有音足校核陸氏《釋文》，其注中足校正今本者亦多，邵所未採也。

古所謂小學，原不止於訓詁。蠡吾李恕谷塨嘗撰一書，以射、御、書、數分條列小學之目。然今日言小學者，自以訓詁爲要。《爾雅》雖列於經，而實小學之大宗也。陸氏《經典釋文》列次諸經之後，又不得僅以小學目之。故訓詁之書，《爾雅》之後，則《廣雅》繼之。近日高郵王石臞念孫《廣雅正義》，用力博綜，可與邵氏《爾雅正義》並資考據。

說文

《爾雅》相傳爲周公作，而後人轉多紛出之説。要是原出周公，而孔門弟子相繼成之耳。至於《説文》，則許叔重東漢時所作。而其中引據諸經，乃時時與後來讀本不同，此則不能一概論之。有其時傳本互異者，有必當援據以正定者，有不必深泥者，有當並存資者，蓋多聞與闕疑當並用也。

許祭酒記言《易》孟氏、《書》孔氏、《詩》毛氏、《禮》周官、《春秋》左氏、《論語》皆古文，則《説文》所引諸經，必皆許氏親見古經之文矣。然必處處皆據以改正經文，則宜慎之。即如「夤」字下引《易》「夕惕若」，此下有「夤」字。近日惠棟遂據以增入經文「厲」字之上，可乎？詳《易附記》。「詷」字下引《周書》「在夏后之詷」，若竟據此以改《顧命》作「夏后」，可乎？詳《書附記》。近人有作《説文引經考》者，此等處備考則可，而臆斷則不可也。

《儀禮》《士冠》、《士昏》之「設扃鼏」，扃，扛也，鼏，鼎覆也。此判然二事、二字也。《易》「鼎玉鉉」，「鉉」字，則《儀禮》之「扃」，即《考工》之「扃」也。若「鉉」字條下當云：「《易》謂之鉉，

《禮》謂之扃。」則明白矣。乃許氏《説文》金部「鉉」下云：「《易》謂之鉉，《禮》謂之鼏。」何也？校此條者，或謂此注語是後人誤加。然徐鍇《繫傳》已如此矣。鼎部「鼏」下亦云：「《周禮》：『廟中容大鼏七箇。』即《易》『玉鉉』也。」此謂大扃即玉鉉，不誤，但此訓與「莫狄切」不合耳。近日段氏玉裁謂許所引《儀禮》「設扃鼏」，竟不照顧許引「廟中容大扃七箇」之文，而欲周旋許氏合扃、鼏爲一之説，可乎？且亦並不照顧許引《易》「玉鉉」之文也。《易》「玉鉉」則是「貫鼎」，而非「鼎覆」，無疑也。所以此二字，許氏以古螢切之。扃之訓義，著於莫狄切之音，爲不可解也。若云因鄭注《儀禮》古文、今文一條，誤合扃與鼏爲一，則許祭酒書成在鄭康成未生之前二十九年，而何以致誤歟？即此一條，可見名物象數之類，漢儒必有師承，而中間偶有歧互，不可究悉之處，已有難(似)〔以〕概論者耳。後人必從而傅會之，則何必哉？

治經之學必取資《説文》者，非欲廣異聞也。經之文字不能各識其職，則不能解經也。檢字之書，後來字日增多，非《説文》所能概矣。且《説文》每部所收諸字，却多有後人爲文所不盡用，而經史所不必盡有者。所以説經至宋儒，則不甚留意《説文》矣。往見嘉興王惺齋元啓《戒子書》曰：「今學者之弊，置韓歐所用之字不講，而嗜講《説文》之字。」吾嘗歎此言頗中近日嗜古好奇之弊。持此説也，則《説文》於治經奚益乎？然而讀書識字必以《説文》爲主，治經必以《説文》爲宗，則字之源宜審也。今且就偏旁粗言其概，則其源可徐尋矣。《説文》之偏傍與今日檢字書之偏傍，亦有不盡同者，則吾所謂由偏傍以尋其源者，又非盡泥於《説文》之偏傍部敘也。且如字有從雙人旁者，而「從」、「徒」、「徙」則非雙人傍也。「當」下從田，而「宗」下不從田也。「思」之上，「慮」之中，「盧」、「虜」之中，皆不從田也。「足」之上，「鬲」之中，「倉」之下，皆不從口也。「同」之内從口，而「冋」之内不從口也。凡若此類，皆宜各知所從，以識其源也。三十年前嘗撰《六書測源》草（底）〔藁〕四卷，手（草）〔寫〕尚未訖功，今久未整理矣。

《説文》該舉六書，六書之中形聲爲要，亦作諧聲，《説文》許祭酒記作形聲。此言形聲者，非以象形、諧聲二者合言之也。象形自專是象形，形聲則專是諧聲，即每條下云「从某某聲」是也。

許祭酒時未有翻切，今每條下之某某切是孫愐所音切。宋初徐騎省鉉校《説文》時，用孫氏切音增入也，徐氏《五音韻譜》則李舟音切，小徐《説文繫傳》則朱翺音切。

六書惟轉注多誤解。「建類一首，同意相受，考老是也」，此三語略舉其端，以考老二字明之。而後之歧誤者，不詳「建類一首」二語之義，故不明白也。今略言之。如示之屬皆（以）〔从〕示，此内如禄褫禎祉福，即同意相受也。艸之屬，皆（以）〔从〕艸，内如蘧菊、如蕳芎藭、如藼蔁，皆同意相受也。走部内如趍趙，辵部内如遇遭遘逢、如延迻、如遲迟邌、如追逐，皆同意相受也。言部如譸詶詛詘，如謑謑詬訽，皆同意相受也。他如刀部切刌，竹部筳筦筟，木部果橡，人部何儋倚依，心部志意怛恐慴怵，手部抯抒，糸部繚纏繞，土部墣塊堛，金部錠鐙，𠂤部陂阪陬隅，皆同意相受也。以此推之，則轉注之説明矣。然《説文》此諸字皆接連爲文，故與老考相合，而轉注之説乃明耳。若《五音》本每部之字，皆改以平上去入爲次，則轉注之説安得明白乎？無論明代楊升庵撰《轉注古音考》不能明曉轉注之理，即《説文》始東終甲之本，自宋時已改移其次矣。故凡古籍不可以後人之見移動之也。

《説文繫傳》自宋時已多闕失，卷末有熙寧二年己酉蘇頌子容跋云：「舊闕二十五、三十共二卷，俟别求補寫。」今見傳寫之本，其第三十卷即徐鉉校本之第十五下卷，内多徐鍇傳釋數條，或即所云「别求補寫」者乎？其二十五卷則與鉉校本正同，雖卷前亦題朱翺反切，然《繫傳》所載朱翺反皆云「某某反」。惟鉉本用孫愐音切，則云「某某切」。今此第二十五卷内皆「某某切」，與鉉本悉同，則是後人用鉉校本鈔補入者無疑矣。《繫傳》是徐楚金官江南日所撰，宋兵下江南，鍇卒於圍城中。故蘇子跋曰：「宋鄭公問予云：『小徐學問、文章、才敏皆優於其兄，而後人稱美，出其兄下，何耶？』予曰：『楚金仕江左，少年早卒。鼎臣歸朝，公卿皆與之遊，士大夫從其學者亦衆，宜乎名高一時也。』」觀此跋，則小徐之書不如大徐所校本之流傳，所以《繫傳》殘闕，訖莫能補全也。昔年見吾里朱竹君齋有舊寫本，又見韓城王惺園亦有寫本，因借二家本合校寫之。桂未谷爲之參互校勘，實多闕失，不能補成完書也。歙人汪秀峯啓淑頗喜刊書，予因勸其出貲刻此書。刻成，汪君欲予附名于末，予笑而不應也。蓋以書之體式，則《繫傳》不爲完書，可以不刻。然而小徐不可復作，安所得宋以前江左完足之寫本而後刻之？且其中爲後人所移竄之處，讀是書者，必非童蒙無識者，無難辨之。則與其日久湮没不傳，自不若姑就今寫殘闕之本，刻以傳之。昨見顧君廣圻撰黄氏藏宋槧書賦，其注於此書有「不如不刻」之歎。此亦未嘗非正論，而要之欲去餼羊，是有激而云爾。

錢遵王《敏求記》云：「《繫傳》，蓋尊叔重之書，而自比於左氏爲《春秋》作傳也。」然其《部叙》二卷，實仿《序卦傳》爲之，則《繫傳》竟若居然以聖人贊《易》爲比矣。然此説亦非必譏徐楚金爲僭竊也。今寫本于其後數卷，凡遇篆書皆作大字，而餘文作小字。此《部叙》上下二卷，亦每遇篆皆作大字，則非也。此《部叙》二卷，自應順文連寫。若其後《通論》三卷，則篆書應作大字。蓋後數卷之式，非必一例也。

始一終亥是《説文》正本，始東終甲非《説文》正本。錢遵王《敏求記》謂始東終甲本，其厄甚于秦之焚書。此語過甚矣，然亦實爲學者多貪看始東終甲之本，而忘其本者發也。宋時學者專言明理，故取便于檢閲，致使不善讀者數典忘祖耳。然取便檢閲，徐氏自有《説文五音譜》

之作，此書傳者甚少。李巽巖燾《説文五音韻譜》即世行《説文》始東終甲本序云：「徐鉉苦許氏偏傍奥密不可意知，因令其弟鍇以《切韻》譜其四聲，庶幾檢閲力省功倍，名《説文韻譜》。其書當與《繫傳》並行。今《韻譜》或刻諸學官，而《繫傳》訖莫光顯。余蒐討歲久，僅得其七八，闕卷誤字無所是正，每用太息。」云云。是李巽巖原以二徐之《五音韻譜》與《繫傳》並重也。迨至今日，則《繫傳》既多殘脱，而《五音韻譜》傳本絶少。乾隆癸巳秋，于曲阜孔氏借舊寫本録之。甲午夏五月，于院廨寶善亭分校内發御題書數種，見此本御墨在上，敬録于本前。古籍榮光，前代罕有。復爲補録徐鉉雍熙四年後序于卷内。巽巖李氏之引是書也，以爲置偏傍而以聲相從，不若存偏傍于聲類之中，益便披閲。而馬端臨《通考》亦云此書分譜四聲，而不具載其解爲可恨，頗有意再編之。蓋皆惜其止有一語之注而不詳也。豈知此書之善，正在不著原本之偏傍詳解，則觀者得以復檢其故處而詳知之。此於《説文》全書有若總目，然相需而不可相無也。若巽巖之書，意在兼有二者之捷，則勢必至於使人庋《説文》原本不觀，而觀此止矣。説者遂謂有四聲譜而《説文》亡，豈過論歟？此徐氏《五音韻譜》所以當與《説文》並讀也。

徐鼎臣所云《説文》「偏傍奥密不可意知，尋求一字，往往終卷」，因爲此書，分四聲以求之固已。然而就此檢尋，仍不得其偏傍在某卷也，竟無怪乎李巽巖之重編爲始東終甲本矣。然《説文》自以許氏原本爲正，必無後人可重編者也。不可重編，而其偏傍部居之次將何以檢之？愚則别編爲目，以檢之其次第。即依今日檢楷書之部叙，一一注其下曰「一在《説文》某卷」。其有今楷書不列此目，獨《説文》有此部目者，則又别開于後，而一一注其下曰「在《説文》某卷」。此則自爲檢字之法，不以冒居《説文》之正編，庶有檢尋之便，而無改移之失矣。

李巽巖既重編《説文五音韻譜》，在宋時已有板本。後之學者習知其爲《説文》作，竟皆相沿口熟，以爲此《説文》矣。不復稱曰「五音本」，直稱爲《説文》矣。不復知爲李燾巽巖所編，竟目之曰「許慎《説文》」矣。其書原有李燾巽巖撰序，今刊本直不載入，而載許氏之記于卷前矣。其書首標題直云「許氏《説文》」，其次行即大書「徐鉉校定」矣。李巽巖前、後序二篇，在魏鶴山《渠陽雜鈔》内，亟宜録于始東終甲本前者也。

二徐深於《説文》之學，而其言曰「許氏偏傍奥密不可意知」，此語即讀《説文》問津處也。部分是《説文》諸字之統紀。楚金撰《部叙》二卷，論其先後之義，而某之屬某，未詳説也。且如㽙次于鬲，而何以不併入鬲部？教次于攴，而何以不并入攴部？豐豐次于豆，而何以不并入豆部？若此之類，當日必有義例。許氏固言「分别部居，不相雜厠」，而其所以「分别部居」之義，無由知也。今則依許氏五百四十之目，若作書契以來即如此矣，豈必詳問其由乎？然即此亦足見始東終甲本并偏傍部目改移者爲妄作耳。

嘗竊仰窺古聖人之作書契也，不比畫卦先有八卦，而後重爲六十四也。字者，孳乳而成，則立一爲耑，以漸而該舉六書，該悉萬事萬物。自必有先後源委，次第相因之類系耳。由一字立其耑，以漸孳諸字，此固勢所必然。而一上示三王，以次排序，則未知始於何時。《倉頡》、《博學》之篇不存，爰禮、楊雄之説不著，將奚從而溯之？且不惟部分也，即以解字而言，許氏訓指雖曰「考諸賈逵，博採通人」，而其説之源委亦有不同。或就見聞問辨得之，或就册籍件系繹之，至著于竹帛，豈能一一悉溯所由，則皆定爲詁義而已。且如斥其謬者，曰「馬頭人爲長」，而長從倒亡，倒亡者，不亡也。此亦紬繹其義。如此，豈果上古造書契作此長字時，只以倒亡爲本義乎？他如幻之倒予、縣之倒首，亦此類也。且如古者父不教子，故云大杖則走，而豈有父之爲字，以手持杖爲本義者乎？迨至宋儒，專言義理，而於《爾雅》、《説文》之學皆置不問，則其弊更甚於泥古矣。要之，三代已前，詁字之籍不傳，則許氏《説文》實即書契以來之本經也。《爾雅》詁訓既列於經，而《説文》詁訓乃其成字之本，豈不更當在《爾雅》之前乎？不過其人其時在《爾雅》後耳。此則小學所以必系於經部，而其後篆隸諸書有當附此者，有不當附此者，則學者更宜敬之慎之。

字無古今，一也。然而《説文》以篆爲主，周宣時史籀作大篆，其書久亡，賴《説文》所存籀書以存之，所云「篆作某」，則秦篆也。故許氏記云：「李斯作《倉頡篇》，趙高作《爰歷篇》，胡敬作《博學篇》。皆取史籀大篆，或頗省改所謂小篆者也。」準此言之，則《聖皇》、《元尚》、《滂喜》、《凡將》諸篇，皆以爲篆作也。今所見《急就》，以後人楷書録之。若僅録其文以便讀者，則後人之《蒙求》，亦惟其文，不惟其字，非《急就》、《凡將》之本義矣。即以今所及見，如宋洪文惠之《續急就章》，亦以其隸爲主也。隸尚如此，況於篆乎？

字學

繼《爾雅》者，《方言》、《釋名》漢劉熙，即《逸雅》、《廣雅》魏張揖，即《博雅》。明郎奎金有「五雅」之合刻，則《爾雅》、《小爾雅》、《逸雅》、《廣雅》、《埤雅》也。繼《説文》者，《字林》不傳，近日任大椿鈔輯之。《玉篇》，其要也。顔元孫《干禄字書》，張參《五經文字》，唐玄度《九經字様》，郭忠恕《汗簡》、《佩觿》，司馬光《類篇》，皆資考據。張有《復古編》亦有益。

《説文》該舉六書，而五百四十部，不必其每條皆分析六書也。至後人乃有專以六書名其編者，則元戴侗《六書故》爲之倡也。侗，宋末人，而書成於元。始變《説文》部目，而以天地人物釐爲部次，乃詳著某之諧聲、某之會意，以詁諸字矣。其論轉注、假借，頗與《説文》異。《周禮·地官》保氏教國子以六書，注：「鄭司農云：『六書，象形、會意、轉注、處事、假借、諧聲也。』」賈疏：「六書象形之等，皆依許氏《説文》。云象形者，日月之類是也，象日月之形體而爲之。云會意者，武信之類是也，人言爲信，止戈爲武，會合人意，故云會意也。云轉注者，考老之類是也，建類一首，文意相受，左右相注，故名轉注。云處事者，上下之類是也，人在一上爲上，人在一下爲下，各有其處，事得其宜，故名處事也。云假借者，令長之類是也，一字兩用，故名假借也。云諧聲者，即形聲也，江河之類是也，以水爲形，以工可爲聲。書有六體，形聲實多。此形聲之等有六也。」賈疏所申言六體之義，與《説文》大同小異，而日月之類、武信之類、考老之類、上下之類、令長之類、江河之類，則與《説文》不異。其謂皆依《説文》者，則賈疏繹注之詞。然此條鄭注引司農語，則此六書象形、會意等説，在康成之前矣。鄭司農卒于建初八年癸未，在許祭酒作《説文》之前十有七年。賈公彦以爲皆依《説文》者，是賈止見《説文》有此語，不知其所從來，遂以爲鄭司農依《説文》耳。然則所謂日月、考老、令長之類，漢世以前久有此語，未知源出何書，豈得以後世學者所見者疏之乎？況學者欲知造字之本，既捨《説文》，無由别求所自，惟一依《説文》之恉，以善會之。如戴侗之矜言博辨，轉注、假借，尤其最易見者，徒令後人侈談復古。輕以篆勢入于楷體，沿至楊桓之《六書統》，居然自造篆勢。甚至魏校之《六書精藴》、王應電之《同文備考》，自憑臆見以定字體，皆踵戴氏、楊氏，而加甚焉者耳。大約唐宋以後，言字學之書，莫善于張有《復古編》，莫不善于趙宧光《説文長箋》也。

昔人謂思誤書亦是一適。此語正宜慎之。三十年前，吾齋時相過從者，若曲阜桂未谷馥、高郵王懷祖念孫，皆精於校讎《説文》。懷祖於校勘《説文》所最心許者，金壇段懋堂玉裁也。段君予未識面，而知其于形聲研析極深。一日與未谷檢鳥部鳶下注「鷙鳥也」，臣鉉等曰：「今俗別作鳶，非是。與專切。」未谷曰：「疑此『鷙鳥也』，當是鶚字，其下恐別有斷脱某字，然後有『俗別作鳶』之注。不然，則鷙鳥與俗作鳶，不相應矣。」此説似有義。然《繫傳》、《玉篇》皆如此，不能臆决耳。又見門人章甫所作文内，引段懋堂説舟部朕字之注當有闕文，應是舟之折兆義。此雖若有義，然究竟是補作許氏《説文》矣。凡若此者，未可自恃所見，輒筆諸書也。所以思誤書是一適之語，極愜人意，而正不可不慎。

《爾雅》既列於經，凡考辨字義形聲之書，亦皆以小學列於經部。若《匡謬正俗》、《群經音辨》，皆有裨也。音學，則《廣韻》爲本。《集韻》則重文疊見者，太過繁多矣。《韻略》、《韻增》、《韻會舉要》，皆足資考也。篆隸之書，如夏竦《篆韻》及《廣金石韻府》諸編，亦漸孳多。若以小學之類分門件系，雖皆溯源于經訓，而其用非一途，視乎學者精審而善擇之。即如《説文》「圛」下注：「《尚書》：『曰圛。』圛，升雲半有半無，讀若驛。羊益切。」讀《説文》者，疑《尚書》無語也。及見金崇慶《集韻》此條云：「《商書》：圛。圛者，升雲半有半無。」此多一「者」字，而其句讀乃明，是《洪範》「曰驛」也。誤讀《爾雅》者，遂至以「履帝武敏」，敏字絶句。則知考證之不可泥執一處，以爲斷定矣。如近日惠棟因誤讀《汗簡》，以釋茀字詳《詩附記》之類是也。詁訓之書，爲釋經也，迨其流，則沿習詞章之用而已。音學之書，爲釋經也，迨其流，則取便押句而已。篆隸之書，爲釋經也，迨其流，則資于臨橅法帖而已。戴侗作《六書故》，乃議及注疏之滋晦。近日顧藹吉撰《隸辨》，曰：「吾欲以解經也。」淵乎艱哉，談何易易。

蘇齋筆記卷第五

史

紀傳之體，自馬遷以下爲正史。自帝紀至列傳，皆司馬氏自題其篇目。其曰本紀，即班氏謂之春秋考紀也。曰本紀，曰春秋考紀，皆以帝王統系一代之綱而言之。則《周本紀》之後次以《秦本紀》者，因始皇并天下，是繼周也。既作《始皇本紀》而又先以《秦本紀》者，則猶之合爲《始皇本紀》，而以卷帙重大作二篇。此則當如《漢書》之《司馬相如傳》分上下篇爲得之。秦莊襄以前雖稱王，與楚之稱王何異，豈得以本紀名乎？此在正史之首，紀傳之體初開，未遽能以史法整比繩之。

《秦始皇本紀》末「孝明皇帝」以下是班氏之文。乙丑日下云，詔問班固「太史遷贊語中寧有非邪」，對云云。此在《典引》序中，讀《史記》者當增補入。

褚少孫補《史記》諸篇，張晏譏其鄙陋。即如《三代世表》末引《黄帝終始傳》，又如《禮》、

《樂》、《律》、《曆》四篇，皆褚所補。《禮》用《荀子》，《樂》用《樂記》，則是論禮樂，非《禮書》、《樂書》矣，豈史遷之本意乎？

志封禪而郊社宗廟之不考，志河渠而疆域地界之不考，猶夫漢初之庶事草創，猶夫經籍之甫見萌芽，又不盡如紀傳之體例初開而已。

《史記》體例皆司馬氏創作，而其尤善者，世表、月表、年表諸篇譜圖也。乃後來史家悉依紀傳之體，而於表、圖之作轉不盡依之，直欲讓出後來之萬季野矣。

《三代世表》以五帝繫諜爲據，古籍更無他可證者矣。然其云黄帝至堯五世，又云黄帝至舜九世，又云從黄帝至桀二十世，至湯十七世，至紂四十六世，至武王十九世，此其年世太懸絶也。即無論此年世懸絶，而舜既是黄帝九世孫，乃堯爲其上四世之祖輩，則有（鯀）〔鲧〕在下之舉，爲不倫矣。若必從《三代世表》之繫諜，先致疑焉，則揆之史法，其可盡信乎？

《史記·年表》叙晋文公出亡事，與《晋世家》不合。《晋世家》先至衛後至齊，而《年表》云由齊（遇）〔過〕衛。據《左傳》於魯僖二十四年追叙其之狄，後之衛，之齊，之曹，之宋、鄭、楚，皆未著歲月。此必非一歲事，而《史記·年表》皆書於「魯僖二十三年」。又云：「重耳聞管仲死，去翟之齊。」據《左傳》書「管仲卒，五公子求立」，在「齊桓公卒」之上，亦與此不合。《史記·管仲傳》亦不書其卒在何年。蓋《史記》叙事不能盡據以考證者，多此類也。

《周本紀》「武王上祭於畢」，在「觀兵孟津」之前。畢者，文王墓地也。而何以《伯夷列傳》「叩馬而諫曰『父死不葬，爰及干戈』」？此若在後世爲史者，《伯夷傳》内必删此一語矣。亦可見《史記》不能處處比事以資考證耳。

《史記・將相名臣年表》先列大事記，此可爲史家之法，而後世史家，表、圖罕循之者。即此篇末「太始元年」以後，皆後人所續。雖大略依其式，然如昭帝末廢昌邑王事已闕而不著，則與卷前高后八年叙誅諸吕之法異矣。昭帝元年，無二年。汲古閣刻本此表元平元年之次行有二年一行，誤，宜改正。此下七月庚寅云云，是宣帝本始元年事。或又以七年庚寅云云入本始元年下，亦誤也。

《史記》不具録詔奏之文於《本紀》、《列傳》。然如《賈誼傳》録《服鳥賦》，特以其與屈原同傳，既録屈原賦，此亦其類，故録於傳也。然傳載賈生數上疏，則其辭有關於漢朝政治，而不具録，何也？且既採賈誼《過秦論》，而其本傳有關時事之文乃轉不載録。此與《司馬相如傳》載《子虚》、《上林》諸賦，皆讀史者所宜審其孰爲重輕者也。

《史記》諸篇次第必非無義。即如《世家》首《泰伯》，《列傳》首《伯夷》，此即有義也，豈有諸篇次第無義者乎？《匈奴傳》自應與《南越》、《東越》、《朝鮮》、《西南夷》、《大宛》相爲次第，《扁鵲倉公傳》自應與《日者》、《龜策》相爲次第，而《司馬相如傳》在《朝鮮》、《西南夷》之後，何也？《儒林》當與《循吏》、《酷吏》、《游俠》等自相次第，《陳涉》應入《列傳》。《貨殖》一篇，其文尤妙，然以史法論，蓋可删也。

道德，本也；文辭，末也。然而理之至者，文亦至焉。六經皆至文也，然治經者不敢以文目之。載道之文，不以文見，則文在所略矣。載事之文，則事與文相輔而行。《春秋·襄二十七年傳》：「宋人享趙文子，仲尼使舉是禮也，以爲多文辭。」是録其事者，以其文也。《禮》之《檀弓》、《傳》之《公羊》二書，筆尤高。然而《檀弓》雜陳喪禮，非以其文冠於喪制諸篇上也。《公羊》不特不能與《左氏傳》比，且多不及《穀梁》者。治經不以文重也。若史，則裴松之注其文不及陳壽，薛居正《史》其文不及歐陽，而至今言陳《史》不能廢裴注，言歐陽不能廢薛《史》，則史固有不盡恃乎文者矣。帖括之學既盛，其讀《史記》者則多以其文讀之耳。甚至有專以論文之法讀《史記》，且至有去其年表不讀者，則竟僅以文目之矣。《史記》開卷第一篇則曰：「擇言尤雅，不雅馴者難言之。」所謂擇言尤雅者，非謂其文筆之美斯傳也，正謂擇尤雅者乃足徵信於後世。不雅馴，近於無稽，故薦紳先生所不取信也。司馬氏之文，蓋兼有《檀弓》、《公羊》之筆力，而高視《戰國策》。班氏之文，則兼有《儀禮》、《左傳》之叙置。逮於范

《史》，則漸開情韻，下啓六朝，亦天地運會之自然也。至《晋書》，遂多似《世説新語》矣。由是言之，以爲文之道讀史，雖亦文辭所必取，但在史則自當以史論之。《漢書·地理志》《藝文志》之徵信於後，實《史記》所不及。若《禮樂志》，雖已較褚補之書稍得西漢體制，而實不及《後漢·禮儀志》矣。況《古今人表》乎？要以班《史》最爲典實可據，在正史體制初啓，自不比《史記》之獨伸筆力者爾。

《史記》、《漢書》事有並載者，字句異同，無庸多其考索也。以史法論之，則《漢書》次第整比有緒矣。即如項、陳改爲列傳，外戚在列傳末，而元后自爲傳。董仲舒、司馬相如在公孫、卜式傳前，董又在相如前。其餘諸傳，分合次第，具有體裁。惟《貨殖》仍沿《史記》立傳，可毋庸也。《古今人表》有古無今，且古人之上中下於漢事無所繫，此篇爲多出者耳。

或疑《史記·留侯世家》諸將偶語沙中事未足信。此等疑義，特懸揣耳。至如《漢書》昭帝崩後廢昌邑王事，太后被珠襦盛服，此時昌邑至京師未逾月，昌邑至京時尚有望國門哭之語，則昭帝后甫在髫衰之際，豈有被珠襦盛服可大書於《霍光傳》者乎？借使漢時失禮，亦必不至於如此，而班氏何以書之？若此等，豈可據史册以示後世耶？

褚少孫補《史記·樂書》以《樂記》爲之，此已嫌其空渾矣。特以補作，則略之可耳。至班氏《漢書》，則西京一代禮制豈可不詳記？况遭秦之廢墜，西京文獻或有周末遺制。如漢末蔡邕尚著《獨斷》，即班氏亦得與虎觀講議，爾日必尚有禮制存者。惜其志樂尚略述《文始》《武德》之舞、《房中》《郊祀》之詩，而禮無聞也。若《後漢》志祭祀、輿服之前，特爲《禮儀志》，斯得之矣。

《郊祀歌·惟泰元七》：「建始元年，丞相匡衡奏罷『鸞路龍鱗』，更定詩曰『涓選休成』。」此謂《泰元》章内「鸞路龍鱗，罔不肸飾」，改定曰「涓選休成，罔不肸飾」。不然「鸞路」四字僅以車制言，不及「涓選」四字之該備也。下章《天地八》：「丞相匡衡奏罷『黼繡周張』，更定詩曰『肅若舊典』。」此謂《天地》章内「黼繡周張，承神至尊」，改定曰「肅若舊典，承神至尊」。不然「黼繡」四字僅以祭服言，不及「肅若」四字之該備也。此亦足見西漢時改定文字之式如此，是專指改定中間四言一句，非謂奏罷其全篇也。俗塾刊本誤以「更定詩曰」自爲一行之末，因誤以「涓選休成」作《天地》章之首句，又誤以「肅若舊典」作下章《日出入》之首句，則不可通矣，亟宜改正讀之。

《地志》郡縣自應以九州爲次第。如《漢志》則先以屬司隸者，次以冀州、兖州、青州之屬也。不知何以班氏《地志》太原、上黨屬并州者，置於河南屬司隸之前。既以東郡、陳郡屬兖州者，置於潁州、汝南屬豫州之前，而又以山陽、濟陰屬兖州者，置於廬江、九江屬揚州之後。諸如此者，不可枚舉。此自當以《後漢·郡國志》分右司隸、右豫州者爲是。《晉書·地理志》亦依所隸之州次列郡邑也。

《漢書·地理志·總叙》之末，師古曰：「中古以來，説地理者多矣。」此句以下六十四字，近日有校讎家謂此是班氏正文誤入顔注者，非也。惟《地理志》下篇之末，諸國分壄條内「魯國」條末云：「漢興以來，魯東海多至卿相。」此句止矣。此下又有：「東平、須昌、壽良，皆在濟東，屬魯，非宋地也。當考。」師古曰：「當考者，言當更考覈之，其事未審。」此「東平須昌」以下十八字非班《志》所有，此是後人記於下條「宋地、東平」及「須昌、壽張」一條之旁者。蓋在魏晋以後、顔監以前，讀班《書》者校閲之詞耳。「須昌、壽良」皆屬東郡，光武叔父名良，故曰「壽張」，今仍稱「壽良」，知是魏以後語。不知何時誤入「魯地」條下作正文，顔監不知而注釋之。此曲阜孔廣森看出者。

《漢書》注「臣瓚」，或以爲于瓚，或以爲傅瓚。近日徐文靖據酈道(兄)〔元〕注《水經》濰水、河水、巨洋水下，皆引薛瓚《漢書集注》；《晉書·苻堅傳》有太原薛瓚；涑水《通鑑》，苻堅以薛瓚與王猛同掌機密。瓚，晋穆帝時人也。又錢大昕據顔氏《漢書序例》云：「有臣瓚者，莫知氏族，考其時代亦在晉初。總集諸家音義，稍以已所見續厠其末。凡二十四卷，分爲兩帙，今之《集解音義》則是其書。而後人不知臣瓚所作，乃謂之應劭等集解。」然則《隋志》「《漢書集解音義》二十四卷，應劭撰」，應劭下當有「等」字，而傳寫失之也。

《後漢書》八《志》，凡三十卷，晉秘書監司馬彪撰，梁剡令劉昭注補。蓋范《書》之《志》久佚，至宋乾興初，制國子監孫奭校勘《後漢書》，遂建議以劉昭所注司馬彪《續後漢》《志》與范《書》合爲帙也。司馬彪，字紹統，嘗撰《續漢書》八十三卷。其書名見於《隋·經籍志》，至是僅存其《志》，乃取以補《後漢書》之闕也。今所行《後漢書》之八《志》，列於《紀》後《傳》前，學者或誤以爲范《書》之《志》。其實史家體式，原以《志》在《紀》後《傳》前。既取司馬彪之《志》以補范史之闕，則編次在《本紀》之後，《列傳》之前，原無可議。第世行諸刻本，或未盡載劉昭《總叙》。劉《總序》云「分爲三十卷，以合范史」，此語本自明白也。其誤指爲范《書》者，惟有海虞毛氏汲古閣刻本《祭祀志》下第九題下，忽出范蔚宗名，所宜刊正耳。

《後漢·地理志》青州條下「樂安，高帝置」，「置」上多「西平昌」二字，此當是平原之縣名，誤置在此。平原内之「濕陰」，即《漢書》之「漯陰」，此「濕」字非燥濕之濕也。

《後漢·百官志》本注皆司馬彪原書之自注，故劉昭云：「今昭又採異同，俱爲細字。」以見此大書者皆司馬氏舊文也，此例甚善。由此推之，則《漢書·地理志》《藝文志》凡稱「師古曰」之類，方是後人所注，其「師古曰」之上則皆班氏舊文，不應同作細字書之，致使讀者莫之省也。《漢書》内此等處竟宜另爲刊正，或亦仍作細書，而以「師古曰」以下另起作矮行書，庶爲得矣。凡《史記》、《漢書》表圖内細字之文，亦皆當與其注文分別出之。

《後漢書》無表，宋熊方作《補後漢書年表》十卷。至近日，嘉定錢大昭晦之謂熊氏書多漏略，體例亦未精審，復撰《補後漢書表》八卷，庶可與劉昭《補志》並傳矣。

明歙縣謝陛撰《季漢書》，仿朱子《綱目》義例，以漢昭烈爲正統，自獻帝至少帝皆爲《本紀》。其實南宋時蕭常、元時郝經皆已有《續後漢書》之作，特不必闌入獻帝耳。晉習鑿齒撰《漢晋春秋》又在前也。今讀史者皆知朱子《綱目》以蜀爲正統是千古定論，而陳壽《三國志》以魏爲正統之非矣。然而陳壽《三國志》撰於晋世，晋承魏統，安得不以魏爲正統？錢辛楣云：「陳壽，蜀人。其書雖帝魏而未嘗不尊蜀。於蜀二君稱『先主』、『後主』，於吴諸君則曰『權』、曰『亮』、曰『休』、曰『皓』，皆直書其名。蜀之甘皇后、穆皇后、敬哀皇后、張皇后皆稱『后』，而吴之后妃但稱『夫人』。李令伯《陳情表》稱蜀爲『僞朝』，陳壽書不惟不僞之，又以蜀兩朝不立史官，故於蜀事特詳。如群臣稱述讖緯及登壇告天之文，魏、吴皆不書，而特書於蜀。立后、立太子、諸王之策，魏、吴皆不書，而特書於蜀。太傅靖、丞相亮、車騎將軍飛、驃騎將軍超之策文，皆具書於本傳。又於《諸葛傳》載其文集目録、篇第，并所進表於後。此皆其録蜀事甚詳，而於諸葛武侯實切推崇者。至所云奇謀爲短，又云將略非所長，此等語特一時對晉朝言之，不足深究者也。」

《三國志》裴松之注，宋元嘉六年承詔作其注，參取諸書，間有補傳所未備者。所取諸書今所不能傳者，尚皆具其厓略，所引用之事亦多首尾完具，實可爲後世注史者之法。

《晉書・惠帝本紀》「永平元年」條下：「三月辛卯，誅太傅楊駿。壬辰，大赦，改元。」此所謂改元者，改元康元年也。乃《本紀》不著「元康」之號，則以下二年、三年、四年，皆元康之二年、三年、四年，而竟似蒙上「永平」之號者矣。又其後「永興元年」條下云：「春正月，大赦，改元爲永安。秋七月，改元建武。冬十一月，改元復爲永安。十二月，大赦，改元。」此所謂改元者，改元永興也。此下接叙二年云云，是永興之二年，而《本紀》此處又不明著「永興」之號。雖本條之首有「永興元年」，而此下皆紛紛改「永安」、「建武」，則十二月之改元，自應明著「永興」乃明白也。又「永康元年春正月，癸亥朔，大赦，改元。己卯，日有食之，朔在癸亥。」則「己卯」是十七日矣，以《通鑑目録》核之，上年十二月癸巳朔，則本年正月癸亥朔無疑，不知「己卯」字何由致誤也。

《晋書・地志・總叙》自秦漢三國以來，郡國分合省併之數皆有綜述。於《春秋》經傳所見之國，知所居者百三十九國，居亡其處三十一國，皆具其目，足以資考。

《晋書》自宣、武二紀外，惟陸機、王羲之傳論出於唐太宗自撰。一代正史而稱制著論，僅得之一摛藻之士、一工書之士，無怪其全書多類於《世説新語》，爲語資之用也。明末秀水蔣之翹删補《晋書》，用力實勤，雖體例亦非盡善，而較茅國縉之删本盡删去諸《志》者，勝之遠矣。

南朝宋、齊、梁、陳帝紀，遞載九錫文，實爲可厭。

《南史》與《梁書》劉之遴傳，並云時鄱陽嗣王範得班固所上《漢書》真本，獻之東宫。皇太子令之遴與張纘、到溉、陸襄等參校異同。之遴録其異狀數十事，其大略曰「案古本《漢書》稱『永平十六年五月二十一日己酉，郎班固上』，而今本無」云云。此所謂古本者，以今行《漢書》核之，大約多不可信。即以所改韓彭傳述數語，所謂古本云云者，亦遠在今本之下。況班彪乃東漢時人，其傳豈宜入西漢，而云彪自有傳，可乎？明末浙湝陳許廷精研《漢書》，其《漢書雋》所録《叙傳》之文亦皆依今本，而卷尾忽依《南史》所謂古本者，乃有「永平年月班固上」之文，是明朝人不知考訂之過耳。

《南史·文學傳》崔慰祖與從弟書云：「嘗欲更注遷、固二史，採《史》、《漢》所漏二百餘事，在厨簏，可寫數本。」按此即裴松之注《三國志》之類，惜其不傳於世也，然此語正亦不可不記。

《北史·僭僞附庸傳序》云：「晋、宋、齊、梁雖曰偏據，年漸三百，鼎命相承。《魏書》命曰《島夷》，列之於《傳》，亦所不取。」此論甚公。然而《宋書》、《齊書》皆目北魏、北齊爲索虜矣。蓋李延壽在唐初論列前代，故無成見，而沈約、蕭子顯皆身居南朝，故有偏畸之論也。讀史至此，乃知陳壽仕晋撰《三國志》，雖以魏爲正統，而未嘗以蜀爲僞。斯爲得體，而後人顧集議於《三國志》，何也？

《陳書·後主紀》史臣曰：「自魏正始、晋中朝以來，貴臣雖有識治者，皆以文學相處，罕關庶務。朝章大典方參議焉，文案簿領咸委小吏，浸以成俗，迄今至於陳後主，因循未改，故施文慶、沈客卿之徒專掌軍國要務，姦黠左道，以裒刻爲功，自取身榮，不存國計。是以朝經墮廢，禍生鄰國。運鍾百六，鼎玉遷變。」此論該括六朝大局，所繫深遠矣。然唐初史臣雖知此義，而唐宋以後鑒此而能更張者，亦未能一二數也。故大僚以不親細事爲優崇，外吏以出膺民社爲貶秩，敷奏則多陳古義，議政則援飾文辭，皆此段史論之類。至於明季，而其弊百出矣。惟我國朝聖天子以實不以文，即如群臣召對皆剖析事幾，内外奏牘皆切舉實務。大僚與庶尹無不一體，循名核實，内外上下衙門，無不分條釐剔，從未有以虛文爲吏治者。即以學者讀史之法，亦必以上下推究古今得失之實迹，固不可空談治亂，流入迂腐，亦豈可但講考訂年月、時代、職官、地志諸沿革異同，以爲史學乎？蓋政事與文學雖列四科，其實一貫，未有判政事、文學爲二物而可與讀史者也。

漢承秦敝，諸經復出皆賴諸儒之力，故不得不爲儒林立傳，其後則儒林與文苑各自立傳。及至《宋史》，乃於《儒林》之外别出《道學傳》，則是劃分道學、儒林爲二事矣。吾友錢辛楣嘗謂《宋史》當以濂洛五子另自立傳於《儒林》之前。此語固然，然而道學與儒林豈有二乎？即以漢唐注疏博徵訓詁，非以闡發道學乎？即以南宋之後考訂漸密，而如黄勉齋、楊信齋之禮圖，馬端臨、王伯厚之考證，豈非朱子而後研析入微之所致乎？《宋史》别爲《道學傳》，此實開後人歧視道學之漸也。

《北史·魏澹傳》具載澹所撰《魏書論例》數條，而其書久亡，今所行者，惟魏收所撰《魏書》，而西魏之史闕焉。昔在史館，與門人謝蘊山語及此。乾隆丁未，予在江西使院，蘊山時來問業，自任以欲撰此書，思得博雅助之。時桐城胡雒君虔、海州凌仲子廷堪皆在予署，蘊山力延二子主其家。至壬子，五年書成。然予尚未敢爲撰序，其卷首但載予答書而已。蓋補作一史，其事不易。昔朱竹垞謂重定宋、遼、金、元史，應取材者，書凡數十種，文集約六百家，志乘碑説又不下五百家，此特以宋時未甚遠耳。若北朝則書更罕存，而金石刻北朝雖尚有存者，採核亦非可苟也。即如隋《常醜奴墓志》稱魏明帝之類，石刻與史不相應。若必斷定某爲誤書，亦難概舉以爲例耳。

《隋書》諸《志》最爲詳核，蓋《隋書》之《志》，即梁、陳、齊、周、隋五代之《志》也。志不以簡括爲長，即或傷於繁，亦不必以爲病耳。即如隋《律曆志》備數、和聲、審度、嘉量、衡權諸條之類，上溯魏晋，豈必以復出爲疑？《地志》之疆域，《百官》之品秩，皆足以補前史所未備也。至《經籍》、《藝文》，則漢承秦焚坑之餘，固宜詳載諸經大略矣。即《唐書》諸《志》，亦得借所書著於録者，知某代某書猶有存者，亦不必以所載前代經史之目，必程以限斷也。惟至宋元以後，諸家書目備有足徵，且自有宋槧開雕已後，記録漸皆明白。則史家志藝文之體，宜專以一朝之著述具著於篇。如我朝修《明史·藝文志》之例，可爲萬世程式耳。

《唐書》舊、新二史，今並列於二十四史，實相資以備考，固不必謂《新唐書》勝於《舊書》，亦不必謂《舊唐書》勝於《新唐書》。要其所謂「事增於前，文省於舊」者，今之學者遂據爲《新唐書》之定評，則亦非也。合二《書》考之，乃實有必不可省而《新書》省之者，况所謂「事增於前」，又未必悉關政要乎？史家紀事務存其實，與文家序記取筆意近古者不同。即或事增而文加繁，正復何害？劉安世《元城語録》謂「事增文省，正是《新唐書》之失」，此則亦非有激而言者爾。

唐文宗「大和」年號是大小之「大」，非「太」也。諸本新、舊《唐書》皆有譌作「太」者。今之學者文字承用，竟誤爲「太和」矣。惟唐碑皆作「大」，無作「太」者。

李延壽《南北史·敘例》：「傳中累世相承者，皆謂之『家傳』。」家傳之體，施於私家譜乘可也，豈可入於一朝之史乎？然而《新唐書》特立《宰相世系表》，則直是家乘矣。揆諸史體，自非正式，然而學者有資考焉。司馬子長始創分人立傳，亦豈必古有此體也？

自北朝魏、齊、周、隋至唐、宋以來，漸多碑板文字，可與史參互考核。而唐宋已後，又漸多諸家文集及説部相資備考，皆於史有補矣。然而記載之辭與史氏所述，又不無岐出者，考金石者動輒以史爲誤。其足正史誤者固實有之，然究亦未能一概等論也。則讀史者，載籍極博之後，更宜詳慎耳。

薛居正《五代史》所載事實有出於歐陽子《五代史》之外者，今始得並列於二十四史，猶《唐書》之舊、新二史，並資考據也。

以書法、文筆論之，自必推歐《史》矣。然讀史之學不盡於書法得之，不盡以文章求之，則薛《史》安可少乎？

史家之體，以《紀》、《傳》分人者爲其事也。然事之大者，典制、文物尤居其要矣，故讀史必求諸《志》。而歐陽《五代史》僅有《司天》、《職方》二考，且亦言之不詳。雖曰其年不久，其典制不足爲法，而紀實之録豈可少乎？所以薛《史》並行爲善。

注史者當以裴松之爲法，後代載籍逾繁，則史之注更不可少。而五代十國之際，撰述彌增，故朱竹垞欲注《五代史》，而其書未成。大約當以劉昭、裴松之二家之注，酌其採輯之法，不傷纖瑣，不傷繁冗，而有資於考據，是爲得之。

《宋史》多舛漏，人皆知之，而後賢欲重編者，迄無定本。朱竹垞具著所應採取諸書之目，已得其大凡矣。惟所稱徐夢莘、李心傳之書系諸類事。蓋竹垞所舉李心傳者，是所著《建炎以來朝野雜記》耳。李所著《建炎以來繫年要録》，則竹垞蓋未之見也。

《唐會要》、《五代會要》皆王溥撰，而《五代會要》尤於五代典制備資考據，非比《漢會要》僅取諸史籍也。

竹垞謂宋、遼、金、元四史，惟《金史》差善。然所舉採摭書目，有葉隆禮《契丹國志》、宇文懋昭《大金國志》，而未及於《大金集禮》，蓋亦竹垞所未見也。又近日續出者，如厲樊榭《遼史拾遺》、錢辛楣《元史藝文志》，皆資補輯。又如遼道宗年號「壽昌」，史訛作「壽隆」，亦宜改正。此則金石刻文之足據者。

元《秘書監志》之類，皆有資於《元史》考據。而惟《元典章》一書最有關係，其卷帙散見《永樂大典》中。曩在史館，擬輯鈔成編而未果也。

蘇齋筆記卷第六

史

涑水《資治通鑑》卷帙既富，體裁亦精密浩博。聞其手書殘稿尚盈兩屋，所據之書自歷朝正史外，旁採雜史至三百餘種，故其中有一事而以數處紀載纂成者。當日纂輯此書時，自撰《考異》三十卷，以資訂證；又撰《目録》三十卷，提綱挈要，以便省覽。歲時經緯，以及長曆朔閏，具有條貫，誠史學之淵海也。

涑水《通鑑》，宋末王應麟撰《通鑑地理通釋》，最足以資考訂，而天台胡三省《音注》，徵摭尤爲該備。近時陳景雲撰《胡注舉正》，亦讀史者研核之助也。

朱子因《資治通鑑》撰《通鑑綱目》，以上接《春秋》書法義例。其後尹起莘作《發明》，劉友益作《書法》，王幼學作《集覽》，徐昭文作《考證》，陳濟作《集覽正誤》，馮智舒作《質實》，汪克寬作《考異》。今所行刊本皆以發明書法諸書，各歸于《綱目》諸條之下，以便檢閱。其《綱目前編》，則金履祥所補輯也。

歷代正史之貫串總輯者，《通鑑》也。正史與《通鑑》之案據者，則《長編》也。李燾《長編》雖僅北宋事實，當時稱其手稿至千有餘卷，今從《永樂大典》校録尚得五百二十卷。昔在史館與程魚門諸君校訂之暇，就胥史所寫存一副稿，已至盈架之富，後來此副本爲畢秋帆載去矣。

史學以事爲主。若正史則以人爲類，《通鑑》則按年月爲編。此史家紀傳、編年二種，遂爲定體矣。然紀傳既分人以紀事，則其中必有一事關涉數人，因而一事數處皆載，致有詳略之不同。豈惟詳略不同，抑或紀與傳不出一時所撰，志與表非出一手所成，不能保其無紀載之小異者？此所以紀傳爲正史之定體，而有時不適于用也。編年則無此慮矣。然而按年月編載，一事未竟，不能不以他事隔之。迨乎卷帙既繁，不免使讀者艱于尋檢，因而不免於考證家之疎于綜覈，亦其勢使然也。惟宋袁氏樞創爲《紀事本末》之書，年以事相系，深得記載之實，使讀史者收綜檢之益，信爲千古史家之法矣。内惟遇所記事之人有關前後考系，則隨其名下云「某人者，某人子也」。凡若此類於紀事之中略寓紀傳之意，讀史者至此不能無少停目焉。愚竊有説者，欲仿裴松之注《三國志》之例，即於此下節録其本傳數語，亦取其與前後事相關涉者，不比列傳偶入雜事閒筆也。豈但人哉？或遇紀事中關典章制度政治之詳，其本文但以紀事爲主，不暇他及，則亦以注略爲叙述一二語，以資考證。推之疆域、職官、事物、藝文，皆以此例附之。則其正文無礙於旁注之别起，其細書無害於大書之聯貫，庶於體例仍舊，斯爲該備矣。

史之有志，即紀事本末之法，此則紀事本末之大綱也。若杜氏《通典》、鄭氏《通志》、馬氏《通考》，即其挈處也。馬氏《通考》以文獻標目，是合紀、傳、表、志而統括其義矣。所以歷代會要爲史學所亟需，而《五代會要》尤資於用也。

考史之書，若雜史、稗史之類，後代增積日繁，而採摭核正，良非易事。至於唐宋以後，諸家文集、碑板、志傳之屬，取材愈廣而審擇愈難耳。

即以地理、職官二條考史者，穿穴不盡。地理有時代之沿革，有分疆之僑置；職官有官制之增改，有品目之更易。地理則古今志乘，既不出一時一人；職官則石刻題名，又多散見，詳略參差之異。後之修地志者，不知以四至八到綱領爲要，而多務詳其末。此亦史法不講之一端也。

子

《漢書・藝文志》：「諸子十家，其可觀者九家而已。」九家者，蓋不欲兼小説家言之也。自儒至農，凡九家皆舉其所長，又揭其所蔽。故《志》於六藝之次，先之以儒家，儒家先以孔子弟子、七十子之弟子。即此《漢志》諸子之目，已足使後世讀子書者知所先後矣。

《漢書・藝文志》：「墨家者流，推兼愛之意，而不知別親疏。」此特言墨家所蔽如此。孟子謂墨子兼愛，蓋必實見當時墨家之蔽至於此極，所以有楊墨「無父無君」之説。若《漢志》所列《尹佚》、《田俅》，乃原其始而言之。今之學者偶見流傳《墨子》之書，或有轉疑孟子指墨氏兼愛爲非實者，是即非聖人之徒也。

以今著録之例，則管、韓皆法家，而《漢志》申、韓屬法家，管子與老、莊皆屬道家。蓋與共謀一例，不能以後來著録概之矣。兵家、占筮、算術、醫方，《漢志》又次於諸子之後，則後來子部之系屬，又非盡古之子部所能概耳。

《漢志》以詩賦亦系於諸子之次，而《隋志》以類書系於子部。詩賦則後來著録屬於集部，類書則無所别屬耳。

唐宋以後，撰述日繁。然惟子部其自出議論，以附於子部者，則前有古人，豈煩特撰乎？只可知老、莊、荀、楊之類，後有從而爲之注釋，斯得附於子部耳。至於類、説二家，類書雖云附於子部，而仍自成一體。惟説部唐宋以後流别益廣，有類於詁經者，有類於補史者，若至雜家所演稗官小説，漸以滋多，則子部之支分不可勝計。此則家自爲説，亦寧慎之。

説部之書在子部爲最有益者，莫若黄震《日鈔》、王應麟《困學紀聞》。此則羽翼經傳，不僅以説部目之者矣。餘若有志經學者，亦多於所著説部内，摭所獨見經説之條，冠諸卷端，以徵心得，未嘗無補也。然而説經之法，必通合全經尋繹之。即以所舉心得之某條，亦必有上下文，宜通徹尋繹，而後此某條之得失原委可得而定也。若撰説部就所心得某條説之，讀者乍一開卷，未有不矜爲創獲者。及其後徐繹章節上下，而後知所説不足據。吾嘗試驗，此類甚多。在作者固不可偶舉一處以自矜，在讀者亦不能乍見一處以蔽其凡也。且凡説部，論事析疑，亦皆往往有類此者。學者所宜兼聽並觀，勿執一處以爲是，乃爲得之，而於治經尤甚。

子部儒家之書，朱子爲大宗。近日寶應王懋竑《白田雜著》，於朱子之書頗知條析，亦問津者所宜留意。

何義門謂王伯厚是宏辭科之學，此特因《玉海》諸門類後附入《詞學指南》也。然《困學紀聞》亦何嘗非宏詞科類識之緒餘？而其博洽精核，深有裨于考訂，又何可僅以宏詞科之學目之？

子部如《帝範》、《政要》之類，有裨治道者，宜入於儒家矣。至如家訓，應立一門，不特《顔氏家訓》有資考核而已。至於後人家誡訓辭，亦實有關係人心風俗之得失者，亦應在儒家内收之。

朱子著《小學》一編，亦特專爲訓示子弟作也。近日蠡縣李剛主塨撰御、書、數之目，爲小學之編，意欲見小學之實際。此固皆切於小學之業，而亦未可遽議朱子之書也。且如書紳銘坐之箴，亦皆《少儀》所宜附及。昔王文成公有《客坐私祝》一通，近時士大夫往往刊録以揭諸坐右。然按其語，尚未盡切中今世學者之病。諸如此類，亦子部儒家類之要目也。國朝順治年間，崑山朱柏盧名用純，字致一著《朱氏家訓》一通，或稱曰《朱子家訓》。今人不考，誤稱爲《朱文公家訓》，非也。其言雖淺近，亦皆切於日用之實。且如戒交遊、戒聲色、戒酒、戒色之文，皆當列於儒家雜著也。戒酒之文，豈又不如《酒經》、《觴政》、《醉鄉日月》諸編之列於説部乎。戒殺之文，或又指爲二氏之書，則亦謬矣。戒酒之文，向所未見，以愚意當有戒酒之文别於後卷發之。

《近思録》，儒家之約編也。即後來如邱文莊之《朱子學的》，以及薛文清《讀書録》諸書，皆儒家有用之帙。

儒者治經爲要。治經，在今日則考證其尤要也。故子部之書，吾方欲勸人只可注釋古之子書，而不可自著空談義理之編。蓋義理皆前賢所已言之詳盡者，勿庸其別構生薪也。然又於朱子《近思録》而下若小學諸書，不疑其爲空談者，即如後來儒生服膺濂洛關閩之書，偶竭一得以資箴助。如薛文清《讀書録》之類，奚爲不可哉？獨所惡者，近日精心考證之家，必不肯讓宋儒，而欲自出己見以名著述。如惠棟於《易述》之後附及言中、言性諸條。近日戴震亦精考證，而必侈言性命之理以自名其家，此則大不可也。與其似此高談理學，轉不如撰格言、撰勸善文之有補矣。如袁了凡之輩撰功過格之類，近於二氏，若不應編附於格言一類，然吾謂此種書於人無損而有益。豈不較之近日金榜撰《禮箋》，傅演鄭説，欲剖分昊天與上帝爲二。又若張惠言撰《禮圖》，欲實明堂與路寢爲一地，不知其意將欲何爲？所以愚意勸治經者只可纂言不必纂禮，是懲戒愚賤自用、生今反古之一端耳。

説部諸考經史者，爲上論事者，亦即次之。即偶述瑣事器物有格致者，亦次之。其最宜戒者，説鬼怪、説女人耳。近如王新城著《池北偶談》，曰《談故》、曰《談獻》、曰《談藝》、曰《談異》，此四者略該説部之大凡矣。《談故》、《談獻》皆資考史，《談藝》亦有資於學者，惟《談異》一門當改定之。如注疏諸詁訓之有異文，地理職官之有别載，凡有涉於未能確斷而姑備考異者，若概斥爲不經，亦無以見岐出之迹。是則於説部中别出《談異》一門，庶無害矣。

朱竹垞八萬卷庫目，經史子集外，曰藝、曰志、曰説、曰類。此四者，志歸史部矣，藝、説、類，皆子部也。類書雖附子部，究是别一種。惟藝與説則在子部無疑，而藝與志有分有合。若金石類則説與藝兼之，書畫類則皆藝耳。

金石文字之類有系於史者，有系於文集者，有系於書法者。近有《金石三例》之刻，則第爲論文言耳。然綜述碑志諸體，僅從韓、柳始，乃不及於漢碑，何也？

「晉、宋、齊、梁、陳，禁私家立碑。」語在《宋書·裴松之傳》，然南朝帝王亦僅見梁始興、安成王二碑耳。若黄長睿所記謝朓書志石、徐陵《孝義寺碑》，又如陸放翁詩注梁簡文撰蕭懿墓碑之類，此外不多見。

金石著録，諸家有録全文者，有撮舉年月撰書人者，又有皆不具載而專載評論者，是亦初無一定之例。若必以録全文爲正，則如世所習見之碑，奚其必録全文乎？若必以載撰書人爲正，則小歐陽《集古録目》於凡碑下皆無撰書人名。漢刻有篆書人者，能得幾通？此不爲贅乎？又有遇篆隸古文，偶一摹寫其樣，爲縮本録之。若果世所不常見，而其字勢有關詳考者，偶摹一二可耳。必遇篆隸皆摹樣，則何必矣。所以著録金石本無定體，惟視其事、其文、其迹，有不得不詳者則詳之。且如顧寧人《金石文字記》，遇有不得全之刻，則第以「殘缺」

二字了之。不知惟其殘缺，愈當精考而詳辨之，而以「殘缺」付之不論，可乎？且如世所習見之文，固不必録。至如《蘭亭序》之類，著録家但撮以一語曰「永和九年」至「斯文」。不知考《蘭亭》者，内如「羣」雙杈、「崇」三點之類，有關辨訂者處處有之，而可僅舉首尾字付之不講乎？近日王述庵撰《金石萃編》，載率更《化度寺碑》，盡依僞本妄作之字句，而譏其文不工。此何賴乎撰述爲耶？

凡莅事爲學，皆宜揭「不作無益」四字於坐右。即以著録金石一端言之，必視其事、其文、其迹於我有益，而後用力焉可也。且如考碑足以證史，固也。苟其關繫治亂大局、出處大節，因考一碑以補史所未及，雖千百言詳辯，非虚設也。若其偶一人之歷官、歲月與史不合，偶一家之世系與前後史不相應者，亦視其關繫考證前後大局輕重若何。若因此記載偶誤一改正，而有補於其人其書，則詳考之可也。若其都無大關涉，則古今刻石之文牴牾互異者不知凡幾，豈其必逐所見皆訂正之？北魏、北齊、後周之銘刻，字體偏倚，不衷於六書者，隨處皆是，可勝説乎？所以凡爲學綜以於我有益爲主。苟其有益，則雖一重模之石刻，一字增損，一撇掠轉折，皆宜審定也。若其無益，則雖豐碑巨製之文，有不必置可否者，亦初無定例耳。

著録金石文之次，應著「題寫」一門。有題寫於碑陰者，或在碑側，或在碑内行間，或在碑額之隙。如孔廟《漢禮器碑》末有山陽金鄉七人所作一行，其行間有熹平題字三小行。如《西嶽華山碑》額有李德裕諸人題。又如佛塔題記「同登」，昔宋宣和間，大名柳瑊以唐慈恩寺塔題名摹勒於石，今此石刻存者或未全。陜西碑林懷素《聖母帖》後有「大和年同登」云云，即雁塔之遺迹。若就其存者，合宋人《寶刻類編》所載「雁塔」諸題，尚可緝成卷也。題壁，則從來未經著録，久而漫滅者，不知其幾矣，亦必應著爲一編以傳之。相傳太湖最深處，石上有姚希孟題字。凡若此類，應附金石著録之後爲類也。

書畫類雖藝事，亦視其有益與否。中間有關繫文獻考據者，則豈僅藝事乎？然亦隨人著録，各自成編。凡學問之事，總視己之所取益則著之。若自問是有志學畫，則專以學畫譜爲著録，又奚不可？是不能一例論之。

餘如摹印之類，以及茶事琴事之屬、器物之屬、花木之屬，各自爲類，亦皆藝林所不廢。惟瑣記鬼怪之事，與女妓之類、情史艷異之編，此與傳奇不經之書，概宜屏之。

彙刻子部則有叢書，亦視其人所蓄以成書。惟《説郛》本有全書，而今所行者，皆其删撮之本耳。然就今所行《説郛》，其中亦未嘗無全者，即先就此類全者摘出，亦非無補。近有彙刻叢書之目者，又有專注宋槧書目者，皆有資益。

蘇齋筆記卷第七

文集

文集至宋爲備。蓋漢魏諸家集，往往出後人綴緝。唐人文集沿六朝之習，以駢儷爲長，韓文公起衰之功，僅得柳子厚、李習之諸人繼之。宋人編次體例始漸完具，惟内制外制、口宣致語之類，實甚可厭。明代文集則又多泛濫，且如一卷集前，序文叠出，亦蕪累甚矣。所以編次一集，以體式雅潔，必實有裨益者，乃可傳耳。

總集自《昭明文選》始，故編集者以賦居首。其以諸體分類相次，亦視其人其學菁華所萃，非可一例概之。

賦者，敷陳其事，固以有關勸懲爲要，非徒事華縟也。至於序記碑傳諸體，豈可以駢儷爲之？在六朝、唐人其習尚使然，不能遽改，無怪其皆作駢體也。後人文字，則除上而制誥，以四六具莊重之體；裁下而婚啓賀儀，以四六見情文之款洽。此則用四六體爲正矣。陸放翁《讀王簡栖頭陀寺碑》詩云：「文浮未可敵江山。」吾願懸此一語，爲序記碑傳用四六者之鑒。

序記論説之屬，各自爲體；碑狀志傳之屬，又各自爲體。即如作記者，記其地或記其事，以核實不漏不溢爲主，豈容貪發議論與序説無別乎？碑志狀傳皆然。

辭命之屬爲一體，議論之屬爲一體，叙記之屬爲一體。昔聖訓辭以達爲要，然曰「達而已矣」。「而已矣」者，包舉該括、慎重著實之謂，非簡約不煩之謂也。《襄二十七年傳》曰：「仲尼使舉是禮也，以爲多文辭。」服虔曰：「謂之孔氏聘辭。」此在唐初孔穎達作疏時已莫詳其旨矣。辭命之義，後人不能研究，故書簡多不足傳也。叙事之文，自左史以下，各有稟承。大約《檀弓》叙事最高，《公羊傳》次之，太史遷則獨有千古，此皆以筆勢矯變爲叙事之能也。至班氏《漢書》，則由《左氏》詳實整比出之，不專以奇矯爲能。叙事家當視其才力所至，亦視其事迹所陳，固亦非可例界者耳。至於專習議論以爲文者，正須上稽經藴，貫以人品學術。否則，馳騁者漸開霸氣，空疏者日就浮滑矣。

文以經術爲主，然而注疏之體與文有間。如孔、賈《正義》，豈必以文律之乎？然而道之顯者，謂之文，「風行水上，涣爲文章」。昔人謂店賬鋪券皆可以成文，豈詁訓經義反不可以文目之乎？大要爲文且莫貪著議論，矜使才氣，惟以衷於實用，則研經其首務矣。若只逞一時所見，借使動輒千言，與尋常寫家信何異？豈可目爲文集耶？

「君子之於言也，不得已而後言。」勿問其所居何體，總不出乎聖訓「慎言」二字中。斯於爲文也，思過半矣。

韓文公云：「怪怪奇奇。」後之爲文者，或以格制見奇，或以筆力騁奇，或以字句鍛鍊見奇，而奇字之弊爲尤甚。不知韓子文約六經，自有精實處，非徒以奇爲也。作文無他制勝，惟以出奇爲先，此是大病。

客曰：「子之意以班氏之文詳贍，轉以馬遷之矯變者，非正耶？」曰：「非也。」所惡於嗜奇者，本無精蘊，而逞奇於字句間，是即文之弊也。若文之格制章法以矯變出奇得勢，則奇而正矣，奇而法矣。雲物之流行，山川之融結，何嘗有意生新？而無一重複平衍之處，惟文亦然。至若結構繁密之中，忽出以閒逸之筆；敘事平順之内，忽間以倒插之筆；即有時排比句勢中，忽出以參差突兀之筆。此何嘗是爲文者有意取姿耶？實亦意匠天成，不得不然，故可貴也。班史《霍光傳》敘廢昌邑王奏一段，其文未畢，忽於中間插「太后曰止」。此等嶺斷雲連之勢，何必獨推史遷之矯變耶？

愚所以取班氏之詳贍，上規盲左者，正謂文以傳信爲主，非徒矜筆勢而已。所以尚憾班氏《禮樂志》不及司馬紹統之禮儀諸篇爲有徵耳。至若後世文集、墓碑、志狀之屬，有云：「公生於某年某月，卒於某年某月，葬於某。」原皆以某字了之，則是專存一空議論之文，而其人之始末無考，誠何説哉？明朝人文集似此者尤甚。

天地之精華，發洩舒暢；時代之沿革，風會遷移。每視其時其人之文集以驗之，若文則專取空議論，詩則專尚感慨、閒吟詠。所謂「夏造殷因，或素或青」，於何質之。故凡詩文集，空言無實者，是所宜擯棄耳。

有文之心焉，有文之骨焉。昔朱子《論語注》曰：「辭取達意而止，不以富麗爲工。」嘗讀此注，竊有疑者。聖言而已矣，乃核實包舉之謂，非僅簡約不煩之謂。似覺朱注有意偏在簡括一邊者，若未得聖言之全旨。及博觀古今文集，而知朱子此注之深爲切中也。漢文最爲高古，柳子厚謂近古而尤壯麗莫若漢之西京。逮於東漢，則質樸者漸以整比矣，質樸者漸生華縟矣，質樸者又漸開情韻矣。是則由東漢而漸爲六朝，其勢然也。昭明之選，直題之曰《文選》，則文之實境，直以華縟爲之矣。然而唐人之爲詩，沿蕭《選》之體也。惟杜甫氏則括以一言曰「熟精文選理」，特加一「理」字。於是天地萬物，忠質文之循環原委皆寓於一「理」字中。愚嘗取此句

「理」字，與韓昌黎詩「雅麗理訓誥」之「理」同論之。義理之理，即條理、肌理之理，無二理也。事理、倫理與理財、理刑之理，無二理也。所以凡爲文者，其文之心，其文之骨，千古萬古惟一，由程朱上溯孔孟之理而已。若其文則演爲答問連珠之類，詩則演爲詞闋之類，支流派裔，何所不容納哉？然而究以其文之心、其文之骨爲正宗也。若夫論事之文，以有裨世用爲要，則亦文之心、文之骨爲之而已矣。

然而吾所慮者，不在質樸與華縟之分，而在義理與考證之分也。蓋學者苟能研究義理，則其爲文亦必漸能潤色。非至魯鈍者，尚無難加以藻飾。是表裏本自一致，非所大患也。惟是義理之學，至南宋而益精。然如陳北溪之《字義》，黄東發之《日抄》，鄭夾漈、馬貴與之《通志》、《通考》，王伯厚之《玉海》諸編，皆考證精密。實自南宋以後，朱門弟子義理日精，與考證本合爲一事。獨至明代，士皆專習八比時文，以《大全》爲根柢，束注疏於高閣，於是經生家終身莫知考證爲何事。然究其原，亦未嘗非宋朝諸儒，不甚留意《爾雅》、《説文》有以啓之。至我國朝群儒輩出，始知有《玉篇》、《廣韻》諸書。康熙間，若陳長發之《毛詩稽古編》、臧玉林經説諸書，用力博且勤矣。至近時，吴門惠棟撰《九經古義》，戴震、江永之屬和之，考析之功，日益加進，一挽曩時寡陋之弊。然又有專務鄭學、反駁程朱者，是又所不可不慎也。又若近日才士，如蔣士銓詩集斥注疏考訂之流弊，翻啓空疏廢學之習，則又漸不可長，吾爲此深慮焉。所以今日學者，必合義理與考證爲一事，而後可言文耳。

自漢魏以來，總集之最著者，無若《昭明文選》、《玉臺新詠》。是二編者，皆以麗藻爲工，則隸事修辭。所謂詞場祖述者，固未可概以斂華就實繩之。惟是麗必衷於則，葩必歸乎正也。迨至有唐一代，治經之編不概見，而韓文公約六經之旨，起八代之衰，此間接脉自有歸宿耳。

徐、庾集皆藻麗。庾集近復有注家加詳。即杜陵亦云「庾信文章老更成」，知此事非盡以摛華爲能事也。詩文隸事，今古一轍，必應根據原委爲一編，以綜上下遞述之概。若隋杜公瞻有《編珠》之撰，但資摭拾而已。若唐初之「西園翰墨林」，本於沈約「西園遊上(方)〔才〕」，再溯之，則出於魏文帝「清夜遊西園」也。凡若此者，所謂詞場祖述，祖禰子孫之系不可不辨也。若庾子山《哀江南賦》：「王子洛濱之歲，蘭成射策之年。」此兩句皆是用十五歲事。惟未知「蘭成射策」是某事耳，後世文家多以爲即子山自述。豈有上句「王子洛濱」是借喻，下句忽作自述者乎？元遺山詩「就中愁殺庾蘭成」，已誤作子山自述用之，不知其誤始於何時也。又若《魏都賦》「優賢著於揚歷」，劉淵林注：「《尚書・盤庚》：優賢揚歷。今文家用作敭歷。」此言出《盤庚》，乃是「今予其敷心腹腎腸，歷告爾百姓於朕志」二句。不知何時將「心腹」合作「優」字，「腎」字作「賢」，「腸」作「揚」耳。此等岐出之讀，遂致傳爲典故，則又何必據摭。韓文公《石鼓歌》「觀經鴻都」句，以熹平石經爲鴻都，後人相沿稱爲「鴻都石經」。蓋鴻都門學與熹平石經自是二事，若張懷瓘《書斷》言蔡邕詣鴻都門，見役人以堊帚成字，歸而爲飛白書。此與書石經非一時之事，不知何時何人誤與熹平石經作一事，而詩文家皆相承誤用之。又若晚唐詩温李體，未嘗有西崑之號，至宋初楊大年、錢、劉諸人，館閣爲詩，祖温李之體，乃有西崑體之目。而元遺山《論詩絶句》云「詩家總愛西崑好，只恨無人作鄭箋」，直誤以李義山指爲西崑矣，亦不知始於何時，而遺山誤用之。今詩文家往往誤以西崑指晚唐温李者，皆相沿誤用也。又若唐駱賓王《討武曌檄》「桓君山之流涕」，桓君山實無流涕之事。桓譚，字君山。王莽嘗使大夫桓譚頒僞大誥於天下，與流涕何涉？此是駱丞誤記。庾子山《哀江南賦》上一聯云「袁安之每念王室，自然流涕」，下一聯云「昔者桓君山之志事，宋微子之生平」，誤記此上下句合作一事用之，故與宋微子作對也。袁安，字劭伯。此句若作「袁劭伯之流涕」，則明白矣。俗刻本妄改云「袁君山之流涕」，不知袁安未聞字君山也。因「蘭成」一條並附記之。

又如韓文《争臣論》必曰「會計當而已矣」，必曰「牛羊逐而已矣」，此亦誤讀《孟子》。孟子曰「會計當」，曰「牛羊茁壯長」，此於「曰」字文義已足，是孟子特爲追述聖言。亦非必孔子果有是言，特是孟子追擬如此。此下「而已矣」三字乃孟子之言，謂聖人當日此外無他及也。今講章多相沿誤，以「而已矣」三字入孔子語中，則其誤自韓子《争臣論》始也。韓文約六經爲之，猶有此失，況詞章家乎？

文家隨手誤用。如「璵璠」之誤爲「璠璵」，不知始自何時，乃唐宋詩家已皆作「璠璵」押韻矣。《左傳》實是「璵璠」，未嘗作「璠璵」也。假若二字皆玉旁，或是二種玉名，則或用作「璠璵」可耳。乃《左傳》疏已明説是一玉名矣。是一玉名，則斷無或作「璠璵」之理也。揆疏家所以必釋爲一玉名者，亦正因二字皆以玉旁，恐讀者不察以爲二玉，是以必明著之曰一玉名也。乃或有因「一則理勝，一則孚勝」二語，疑其是二玉名者。「理勝」、「孚勝」皆具於一玉之内，故曰「一則、一則」者，正是於中析指其遞承之義，則其爲一玉，更無疑也。如謂兩「一則」字是分言二玉，則與上文「遠而望之奐若也，近而視之瑟若也」文義不屬矣。試觀上句「遠而望之」、「近而視之」二層，是就一玉言之，則此下「一則理勝，一則孚勝」，即是承上「遠望」、「近視」言之明矣，所以疏言一玉也。《魏志·鍾繇傳》：「晋之垂棘，魯之璵璠，宋之結緑，楚之和璞。」此四句即其明證。假若因二字皆以玉旁遂疑爲二種玉，將「宋之結緑」亦可因二字皆以糸旁疑爲二種乎？「璵璠」是一玉非二玉，則是「璵璠」不可爲「璠璵」明矣。後人誤以「璵璠」偶訛「璠璵」，此不知何時傳寫之誤。遂致詩人有押入璵韻，而不知二字之顛倒也。又若《論語》「三嗅而作」，「嗅」即《爾雅》「臭」字，非臭味之臭。「三嗅」謂鳥三張其翅也。讀者誤作鼻嗅之嗅，蓋自唐已然，如杜詩、蘇詩皆用「三嗅」作鼻嗅義。又如《小雅》「於焉逍遥」、「於焉嘉客」，鄭箋：「焉，何也。」言所謂伊人不留此而於何處逍遥，於何處作嘉客。「焉」語義最明白。後人詩文遂誤以「於焉」二字作正叙語。經義詁訓之誤，其來蓋非一日，安得不記？

即如月魄「魄」字。「生魄」乃望後之月，對「生明」而言也。後人詩文竟以月爲皓魄。若蘇詩「是時江月初生魄」，竟以初生明爲生魄矣。《和陶贈羊長史》篇亦有「觀經鴻都」句。又若蘇《石鼓詩》「欲尋年歲無甲乙」，不知三代時未有以甲乙紀歲者。此皆開後人不考之弊。且即以韓《石鼓歌》在元和六年辛卯，至坡公詩在嘉祐六年辛丑，相去二百五十年，而云「我今况又百年後」，蓋坡公亦未嘗詳計耳。

一代風會，創始爲難。唐文歸於正者，自韓文公也。唐詩歸於正者，自陳伯玉也。

歐陽子學韓，而於韓文未有撰述，直待朱子乃有《考異》之編。宋慶元間，建安魏仲舉有《五百家注昌黎集》，亦猶杜詩稱千家注也。

《東雅堂昌黎集注》，不著名氏。近日吴門陳景雲撰《韓集點勘》，云：「東雅堂，是明萬曆甲戌進士吴人徐泰用宋末廖瑩中世綵堂本翻刻者。」

魏仲舉又有《五百家注柳集》，蓋皆南宋建安書坊彙刊，以資誦習者。宋時刻韓柳集自穆脩始，臨邛韓醇亦並注韓柳二集。

三代以下，馬班皆史，不在文集之例。則韓文公繼往開來，爲文家之大宗矣。次則柳子厚，與韓並稱。再次則李習之，韓門高弟也。

論事之文，《陸宣公奏議》切實有用者也。唐文若杜牧之《罪言》，於唐代興亡深有關繫，《新唐書·藩鎮傳》實採用之。

文家韓柳並稱，蓋與詩家蘇黄並稱頗相埒。柳《西山八記》以刻露琢鍊見奇，遂漸近於賦矣。若韓之《畫記》，却自漢孔光罷樂府員奏得之。豈有若樊紹述《絳守居園池記》，以七百餘字之幅，而滋後人數家點讀不能定者，是則究非文體之正耳。

賦之文體，蓋自楚騷已導其先矣。至於唐文，雖多整麗，而賦家轉有自出奇恣者。如杜牧《阿房宫賦》、孫樵《大明宫賦》，又不能盡以揚馬江鮑之支流概之，亦足以極文家之能事也。

豈惟賦哉？即詩與文似二體，然而杜之《北征》、韓之《南山》、杜牧之《杜秋詩》，何非妙文？偶舉一二處。若《北征》云：「桓桓陳將軍，仗鉞奮忠烈。」此承上「宣光」、「再興」，正宜順叙肅宗監國事也，而却以陳玄禮另提筆。此即《大雅》「牧野洋洋」三句，正宜順叙甲子昧爽之事，而却提筆云「維師尚父，時維鷹揚」，然後以「亮彼武王」正收也。又若《夔府詠懷》詩，中間逐層叙西蜀事境，「可接説懷京師故人矣，却不直下，而插叙柏中丞開讌云：「高宴諸侯禮，佳人上客前。哀箏傷老大，華屋艷神仙。南内開元曲，當時弟子傳。法歌聲變轉，滿座涙潺湲。」此即史遷叙巨鹿之戰，中段插「當是時，楚兵以一當十，呼聲動天」。又如垓下之戰，項羽夜起作歌一段風氣。文到至處，更何區詩與文之二境乎？

天地間事境與筆力藻繢交際而文出焉。即以昌黎文掃除六朝浮靡，而偶於叙置中出奇語。如《南海神廟碑》叙祭海事，却有「乾端坤倪，軒豁呈露」一段是也。是以論文者，謂説理之文、叙事之文、言情之文，皆若爲文之緣起先導者。蓋以詞藻致麗者，然後謂之文也。近來吾所目見讀書習爲文者，如曲阜孔廣森、揚州汪中之輩，其持論皆如此。蓋不甘於注疏之剖析，覺太過質木無文，而必以騈儷才藻者，方謂之文。此論一開，將置韓歐諸家於何地？吾則欲正告之曰：文之心、文之骨、文之體，無二事也。夫詁經爲説，本無意於爲文也。若序記之屬，則以單行之文與騈儷之文，試並几陳誦之，孰爲切實，孰爲酬應，舉目可知者也。所尚乎渲染者，不過婚啓、賀啓、壽序之屬已爾。然若果有矯健之筆，出真實數言，作賀啓、作壽序，而人有反不樂愛者乎？即以明朝徐文長，騁才者也。明詩話載某人置酒請徐文長，文長到最遲，詰其故，則中途避雨，見畫肆挂一軸，是歸震川所撰壽序，往復讀至數十遍不能捨去，是以來遲。夫以歸震川壽序單行之文，而能使徐文長心折如此，又不待吾前條引陸放翁《讀王簡栖頭陀寺碑》云「文浮未可敵江山」之足鑒矣。故曰：學必歸程朱，文必歸韓歐，萬勿岐以他説者也。

文以儒者之文爲正，以治經之言爲正。則唐以後，文家所祖，莫先於韓之「五原」矣。然而韓子起衰式靡，誠不得已於言者。後人文集，若開卷亦必人人效爲原心原性之作，轉致開好逞議論之漸也。若以實有裨益，則杜牧《原十六衛》尚不涉於空論耳。近日臨川李穆堂文集《原學》之作，愚竊自附説在拙稿内。

「仁與義爲定名，道與德爲虚位。」二句蓋以見道之不得原也。况義内之旨，孟子已深發之，所以仁義不必重與申原，而道必應爲之申原也。群言淆亂，此篇對釋老而言，以身心意爲歸宿，非必如《大學》條目，必先從致知説也。此文章一定之理，後學勿致疑焉者也。潮州城東韓山之上，韓文公祠正廳曰「原道堂」。乾隆丙戌夏，方綱按試潮州。試竣，拜祠，嘗集諸生於此堂，口講是篇。講畢，即手書其語，題於堂之左壁，大要不出乎此。

後二十二年，乾隆戊申夏，按試南康。試畢，遊廬山白鹿洞書院，見院壁有王文成書古本《大學》石刻，因語學官弟子陽明欲復古本之非。賦一詩記之，亦欲題於壁而未果。既而門人謝藴山以翰林家居，掌鹿洞講席，復諄切語此，而未及如韓山之題壁也。附記於此。

繼韓者，歐也。歐陽文集則具載《易童子問》三卷，是誠治經之文矣。然而治《易》最難，惟賴有聖人之《十翼》得以明之。歐陽此三卷不信《繫辭》，其獲罪於聖人深矣。誠恐後之學者反尊信歐陽之説，以疑聖經，則豈敢不具説之？今謹略陳其概。

其第一卷第一條，謂《文言》非聖人作，以穆姜之言證之，此非也。凡經文互見者多矣，如「克己復禮，仁也」，亦見於《左傳》。引古志語，豈得謂聖人答顏淵問仁非聖人語乎？又如「如切如磋者，道學也」數句，亦見《爾雅》，寧得謂《大學》襲用《爾雅》乎？且何以謂「乾無四德」？此尤差謬。

第二條，疑「君子以自强不息」，謂六十四卦皆然。不知此乾卦《象傳》特以乾卦六位純陽言之。即謂六十四卦皆具此義，而於乾之純陽發之，又何疑乎？顧乃以此爲闕文，真不可解。又謂「嫌其執於象」，按經文「天行健」下初無此義，此乃不善讀者自生歧誤耳。其第一卷姑舉此二條。

第二卷一條，謂「《革》去故，《鼎》取新」非聖人之言，又謂《鼎》曰取新，《易》無其辭。此説非也。此《雜卦傳》每以反對二卦對言其義。取新之義，合上句相對以見義耳，豈可因卦爻無取新義而疑之？

又一條，《震》之彖，其辭闕。此所謂闕者，未詳。第二卷略舉二條。其第三卷，則實獲罪於聖人矣，豈敢不一一略説之？

「《繫辭》非聖人作，《文言》、《説卦》而下，皆非聖人之作。而衆説淆亂，亦非一人之言。」

謹按此皆空撮之語，並不能指其何以不出聖言之實據，並不能指其非一人作之實據，豈有如此空渾斷制者乎？以下皆似此空斷之語耳。然彼既有此等空斷之語，則爲後學者焉敢復聽之而置不論乎？今逐行逐句寫出之，試質諸天下學侶，苟有知識者，有不見而髮指者乎？

不知何以謂「衆説淆亂」。試問《文言》、《説卦》内可有某句與某句義相悖觸者乎？而空斷以爲淆亂可乎？

「昔之學《易》者，雜取以資其説講，而説非一家，是以或同或異」，此實不可解，何謂之或同或異？「或是或非」，此實不可解，何謂之或是或非？「其擇而不精，至使害經而惑世也」。

謹按此數語空渾無所指實，竟似狂妄之語，不知何以有「害經惑世」之論。試問《繫辭》、《説卦》諸篇某句有不合於經者乎？雖愚惑狂悖之徒，亦不敢明目張膽出此語也。此真害經惑世矣。

「然有附托聖經，其傳已久，莫得究其所從來而覈其真僞。」此又奇矣，何真僞之覈耶？「故雖有明智之士，或貪其雜博之辨，溺其富麗之辭。」

謹按此數語竟似不通文理者之言。歐陽固以古文名者也，曾謂《繫辭》、《説卦》諸篇目爲雜博可乎？目爲富麗可乎？苟稍知爲文者，亦斷不敢出此言，而能文者何以出此？

「或以爲辨疑是正，君子所慎，是以未始措意於其間。若余者可謂不量力矣。邈然遠出諸儒之後，而學無師授之傳」，惟其然，愈當虚心也。「其勇於敢爲而決於不疑者，以聖人之經尚在，可以質也」。

謹按此數語竟似闢異學之辭，亦荒誕之極矣。

「乾之初九，聖人於其《象》曰『陽在下也』，其文已足。而《文言》又曰『龍，德而隱者也』，又曰『陽在下也』，又曰『陽氣潛藏』，又曰『潛之爲言，隱而未見』。」

謹按此所舉《象傳》與《文言傳》數句，義正相合。不知其下總結之曰「晋人雜取以釋經」，何以謂之雜取也？凡義有錯出搘拄齟齬不相合者，乃謂之雜也。若義之遞申而相發者，謂之雜可乎？又謂之繁衍叢脞可乎？謂之非聖言可乎？且即如《象傳》云「潛龍勿用，陽在下也」，《文言傳》云「潛龍勿用下也」，無「陽在」二字，諸本皆然。不知歐陽所見何本《文言》，乃有「陽在」二字，與《象傳》相同。是或歐陽所讀，偶據一鈔胥之本，誤多「陽在」二字乎？然即使《文言》此處與《象傳》同，亦於義無害也，況諸本無此二字耶？

「《繫辭》曰：『《乾》以易知，《坤》以簡能。易則易知，簡則易從。易知則有親，易從則有功。有親則可久，有功則可大。可久則賢人之德，可大則賢人之業。』其言天地之道，乾坤之用。聖人所以成其德業者，可謂詳而備矣。故曰『易簡而天下之理得矣』者，是其義盡於此矣。俄而又曰：『廣〔大〕配天地，變通配四時，陰陽之義配日月，易簡之善配至德。』又曰：『夫《乾》，確然示人易矣。夫《坤》，隤然示人簡矣。』又曰：『夫《乾》，天下之至健也，其德行常易以知險。夫《坤》，天下之至順也，其德行常簡以知阻。』《繫辭》曰『六爻之動，三極之道也』者，謂六爻而兼三材之道也。其言雖約，其義無不包矣。又曰：『《易》之爲書也，廣大悉備，有天道焉，有人道焉，有地道焉。兼三材而兩之，故六。六者，非他也，三材之道也。』而《説卦》又曰：『立天之道，曰陰與陽；立地之道，曰柔與剛；立人之道，曰仁與義。兼三材而兩之，故《易》六畫而成卦。分陰分陽，迭用柔剛，故《易》六位而成章。』《繫辭》曰：『聖人設卦觀象，繫辭焉而明吉凶。』又曰：『辨吉凶者存乎辭。』又曰：『聖人有以見天下之動，而觀其會通，以行其典禮，繫辭焉以斷其吉凶，是故謂之爻。』又曰：『《易》有四象，所以示也。繫辭焉，所以告也。定之以吉凶，所以斷也。』又曰：『設卦以盡情僞，繫辭以盡其言。』其説雖多，要其旨歸，止於繫辭明吉凶耳，可一言而足也。凡此數説者，其略也。其餘辭雖小異而大旨則同者，不可以勝舉也。謂其説出於諸家，而昔之人雜取以釋經，而擇之不精，則不足怪也。謂其説出於一人，則是繁衍叢脞之言也。其遂以爲聖人之作，則又大謬矣。孔子之文章，《易》、《春秋》是已。其言愈簡，其義愈深。吾不知聖人之言繁衍叢脞之如此也。」

謹按此遍舉《繫辭傳》、《説卦傳》之言，以爲繁衍，而謂聖人文章以簡爲主。是則聖人作《十翼傳》，必皆仿卦辭、爻辭之句法，而後謂之《繫辭》乎？聖人之文，猶天之星雲、地之山川也。雲之流行非一族，未有以重疊爲繁衍者；水之流行非一科，未有以支派爲繁衍者。且所舉諸條，皆申明遍見，先後各有指歸，非複出也，惟其遍申遍衍而旨歸愈顯也。且文之章次、理之血脉，有淺深分合之不同，有虚實乘承之互出。此即不深於理，第以爲文之法言之，亦未可以繁衍目之者也。歐陽固能文者，而何爲出此？

「雖然，辨其非聖之言而已。其於《易》義，尚未可害也，而又有害經而惑世者矣。《文言》曰：『元者，善之長也；亨者，嘉之害也；利者，義之和也；貞者，事之幹也。』是謂乾之四德。又曰：『乾元者，始而亨者也；利貞者，性情也。』」則又非四德矣。謂此二説出於一人乎，則殆非人情也。

此則乖謬之極矣。元、亨、利、貞分之則爲四德，比而言之，則「乾元」二字何不可串説乎？「利貞」二字又何不可併看乎？《易》之爲書，本是一理，亦隨讀者分看合看，處處貫徹，處處兼綜。即聖人之道，合之則一理，散之爲萬殊。此理同此文，何異之有？乃歐陽妄肆（祇）〔詆〕誹，以爲非一人所作。且有害經惑世之謬，而不自知其爲害經惑世，此非聖門之罪人耶？

「《繫辭》曰：『河出圖，洛出書，聖人則之。』所謂圖者，八卦之文也，神馬負之，自河而出，以授於伏羲者也。蓋八卦者，非人之所爲，是天之所降也。又曰：『包犧氏之王天下也，仰則觀象於天，俯則觀法於地，觀鳥獸之文與地之宜。近取諸身，遠取諸物，於是始作八卦。』然列八卦者，是人之所爲也，河圖不與焉。斯二説者已不能相容矣。而《説卦》又曰：『昔者聖人之作《易》也，幽贊於神明而生蓍。參天兩地而倚數，觀變於陰陽而立卦。』則卦又出於蓍矣。八卦之説如是，果何從而出也？謂此三説出於一人乎，則殆非人情也。」

不通極矣，請析言之。「河出圖，洛出書，聖人則之」。此二語渾而未析，未嘗言圖是如何之圖，書是如何之書也，未嘗言聖人則之是如何則之也。究未知是聖人法則其理乎？法則象乎？河圖、洛書之是否原具點畫橫直歟？聖人未嘗明言也。河圖、洛書之爲陰陽、爲八卦，聖人未嘗明言也。彼歐陽所云「八卦之文，神馬負之，自河而出」，是歐陽親聞於聖人耶？是從後世解説内擬似舉以實之者耶？今惟見《繫辭傳》曰「聖人則之」，而未詳言其如何則之。學者第仰承曰：「聖人則之，而勿鑿究其如何則之，足矣。」豈可憑空代聖人撰造神馬負八卦之文云爾乎？至於《繫辭》言「觀象於天，觀法於地，近取諸身，遠取諸物，於是始作八卦」，此正可明「河出圖」，非八卦之文也。聖人則圖書以作八卦，猶之乎觀天觀地、取物取身以作八卦也。又豈天地之象、物之象、身之象，皆有八卦畫樣耶？正當讀此文以證前文「聖人則之」之不可誤會。而歐陽乃又妄下斷語，以謂乾無四德，河不出圖，是謬妄之尤甚者，而敢毅然誤駁聖言乎？

又謂《説卦傳》謂卦出於蓍，此尤於文理未明。《説卦傳》曰：「昔者聖人之作《易》也，幽贊於神明而生蓍。」此一句，特自頓住「幽贊於神明」者，言聖人作《易》之精神。「幽」則爲神明所贊助，幽贊二字倒裝在於字内。所以生出蓍草來，聖人則能參天兩地而倚數，觀變於陰陽而立卦。此下三句皆從聖人説，非從蓍草説。彼歐陽乃誤謂八卦由蓍生，是於此數語上下文義皆未明曉，而妄生議論可乎？

「然則繁衍叢脞之言，與夫自相乖戾之説」，此即指上所謂二説三説者，不思在歐陽自誤會以爲二説三説耳，而公然自爲乖戾可乎？「其書皆可廢乎？」曰：「不必廢也。古之學經者皆有大傳，今《書》、《禮》之傳尚存。此所謂《繫辭》者，漢儒謂之《易大傳》，至後漢已爲《繫辭》矣。謂之《易大傳》，則優於《書》、《禮》之傳遠矣；謂之聖人之作，則僭僞之書也。蓋使學者知《大傳》爲諸儒之作，取其事而捨其非」，有何非處？歐陽自生岐惑，誤以爲有二説三説之判，乃又自出調停，謂捨其非。謬極矣。「則三代之末，去聖未遠，老師名家之世學，長者先生之餘論，雜於其間者在焉，未必無益於學也。使以爲聖人之作而盡信之，則害經惑世者多矣」。

按此又自作調停之説，尤爲害理。以聖人贊《易》之筆，而妄指爲後師所作，其罪已不可逭。且果係後師雜出之作，又豈有可是非兩存之理？此蓋亦自覺其失言，而巧爲此周旋回護之説，愈見其支離謬妄而已。

以上略舉歐陽之説，大約其説謂乾無四德，不應以元亨利貞分爲四事。因舉《左傳》載穆姜筮隨卦之語，以證此乾卦四德非出聖人之言，此真泥滯不可通也。《易》之爲書，廣大悉備，分合皆隨人自領。分言之，亦此理也；合言之，亦此理也。大亨而利於正，豈得以爲二德乎？即如元之訓大，又訓始，亦是一理。大亨、始亨，皆以元亨二字串合言之。利貞者，性情也。以利貞二字合言之，即皆乾德之統天也。《文言》分析四德，亦即皆乾德之統天也。聖經語有指歸，次第遞發其義，其實合言之與分言之，其德一而已矣。故曰：「小德川流，大德敦化。」川流之支分縷析，即敦化之主宰而已。其在人，則元亨利貞，即仁義禮知。仁義禮知，豈果區爲四事乎？仍皆吾性之德而已。不善讀《左傳》，遂誤以元亨利貞分四德，專屬筮人之指《隨》卦，而謂乾無四德。此非文理不通乎？《左傳》穆姜一條，不妨其文在孔子之前，而《文言》則不必援穆姜一段以疑之。古籍如此複見互出者，吾前已言之。歐陽獨非執筆爲文者，顧於此等處膠葛固執，不通如是乎。又謂河、洛不出圖、書，其意誤認「聖人則之」句，以爲河出圖、洛出書，即是龍馬負八卦而出，迂謬極矣。聖人明言「河不出圖，吾已矣」，夫豈必泥此，謂聖人希望衰周之世，復有河洛出瑞圖之事乎？蓋河圖、洛書者，文字瑞應，當時必有形兆可據，今古籍散佚，不能以臆度也。然而河圖、洛書之爲瑞，則實有之，其如何形兆，則不可知。必鑿指行次點畫以實之，則後儒衍説，非聖經有明徵也。子曰：「河不出圖，吾已矣。」夫蓋謂無此祥瑞之徵久矣。猶如周公謂「我鳴鳥不聞」，亦指瑞應以見瑞耳。固不必如後人繪爲點畫之狀，而亦豈可謂於古無之？假謂於古無之，則孔子不應有「河不出圖」之言，《顧命》所陳不應有「天球、河圖在東序」之文矣。假若歐陽所説「神馬所負」即是八卦，則豈有孔子曰「河不出八卦，吾已矣夫」者乎？又豈有《顧命》所陳典物謂是「八卦在東序」者乎？且謂「龍馬所負即是八卦」之文，將「聖人則之」，「則」字之所以然，亦説成聖人依仿畫出矣，又豈可通也哉？又泥「仰觀」、「俯察」、「近取」、

「遠取」數句，以爲於河圖無涉，則必「聖人則之」。果是依「龍馬所負」之式樣畫出八卦者矣，又豈可通也哉？又誤會「幽贊神明」句，以爲八卦從蓍出，前條已言其誤矣。夫《繫辭傳》、《説卦傳》，皆聖人贊《易》之最真切者。即《文言傳》「子曰」字何謂也？字偶或出於編次時所加，而其正文則與《繫辭》、《説卦》均爲聖人親筆所著，無疑者也。學者居千載下，仰窺聖言，如《論語》，尚或出門弟子所記。惟有《十翼》是聖人當日親筆，千古萬古更有何疑？若《序卦》、《雜卦》二傳，附説及之。特偶舉贊《易》之一端，或未可以《繫辭》概之。至《文言》、《説卦》，則與《繫辭傳》炳昭日月也。六經《易》最難言，惟幸賴有《繫辭》、《説卦》、《文言》之存，得借黄赤道躔度，以仰測天咫象緯之經涂，而又被此種乖謬妄説反致疑焉，可乎？雖此三小卷者，僅載在六一《文集》，今之學者頗亦不甚理論。而既有此種邪説惑世之紙墨，若不剖辨，其害焉窮。愚所以不能嘿息者也。

後儒疑聖言者，若朱子《孝經刊誤》，尚非歐陽於《繫辭》可比，何也？朱子之意，或以爲夫子與曾子論孝，必從天倫德性詳説，似覺乍看《孝經》，若與朱子仰揆聖詣之實處不甚相關切，故若有致疑者，此是朱子未嘗詳讀《漢書・藝文志》耳。愚已於《孝經附記》備言之矣。然亦竊以爲此或出於朱子未定之論，不必深泥者也。又若李覯之不喜孟子。李覯在北宋，文有骨氣，或其所見偶偏，亦非歐陽斥《繫辭》之比。惟《易》學難以問津，學者必當奉《繫辭》爲涉川之筏。而竟有敢肆狂言如歐陽者，豈可怵其文有盛名而弗辨之？

昔韓魏公對歐陽子終身不言《易》，亦以其疑《繫辭》不與深辨也。朱子亦曰：「歐陽公不信《繫辭》，是其無見處。」然朱子亦未嘗詳辨也。愚何人斯，而敢昌言攻訐之耶？蓋宋時，其歐陽文集初出，或可以留待後人之質定耳。今則更將奚待而不辨之？且不欲與深辨者慮，與歐陽子爲難耳。彼歐陽者，明目張膽，顯與聖經爲難矣。而今下學更何慮歐陽爲難乎？彼歐陽之爲難於聖經者，其説短；而吾今之難歐陽以伸聖經者，其義長。正復何憾乎？

或曰：「歐陽子究竟深於爲文者。觀其間旁托於後師之言，若其意亦自悔與聖言爲難也。雖其言或過，而豈得弗諒其本衷歟？」曰：果其僅出言之過而本衷未必然，則誠宜諒之矣。乃今觀其著《易童子問》，釐三卷，皆此一意，反復言之，則是有心與聖經爲難也，誰能諒之？若其可諒，則必其本不由衷，而下筆偶涉未檢者，乃諒之可耳。如《瀧岡阡表》則有一語未檢者，叙其太夫人語曰：「吾何恃而能自守耶？吾於汝父知其一二，以其待於汝也。」此則下筆時偶不自檢，致有此句，竟似太夫人緣有此子，乃能自守，豈非將太夫人之苦節全歸功於己身，而豈人子立言之體應如是乎？《瀧岡表》是歐集最著名之作，而中間不無微有未檢之筆，此則非其本衷，可諒也已。

然又有其本衷無他，而其説致啓流弊者。若《朋黨論》必謂君子有朋，此不啓明末東林、復社諸流弊乎？君子立論，宜慎其所啓也。此則雖本衷無他，而不能諒之者耳。

又歐陽文《子罕言利命仁論》中間引《易》曰：「乾以美利利天下。」又曰：「利者，義之合。」又曰：「仲尼修敗起廢，故《易》言天地之變，吾得以辭而繫之。」凡此數言，皆恪遵《繫辭》、《文言》以爲《易》也，何嘗有不信《繫辭》之説？所不信《繫辭》、《文言》者，惟《童子問》三小卷而已。並《象傳》「自强不息」而亦疑之，是誠何説哉？然則苟知愛歐陽子者，删去此三卷，勿列於歐陽文集。編經解目者，亦竟删此《易童子問》之名，敬告天下學侣，毁其刻板，絶其書名，或尚可免於罪戾乎。

歐陽擬作《曾子答孔門弟子書》，謂「以有若似聖人」，取其形似。不知「以有若似聖人」者，謂其言也，非謂其形也。豈未讀《檀弓》耶？甚至謂陽虎亦貌似聖人，何其粗淺至是。

蘇齋筆記卷第八

文集

唐承六朝餘習，詞尚偶儷。至韓柳振起，蔚爲文家大宗。迨於宋初，承先啓後，則柳仲塗、穆伯長導其前，石徂徠、孫明復、尹師魯接其脉，而後歐、曾、王、蘇諸家出焉。此亦夏造殷因，先河後海之義。

李泰伯《盱江集》，「盱」字以「目」，世行板本或作「盱」者，訛也。洪忠宣，名晧，是「日」旁，其作「白」旁，訛也。

北宋之文，孫明復以經術名家。經術之文，必以曾子固爲醇正合度，此則班《史》之氣脉也。

王半山詩文皆卓然樹立。朱子有言：「安石致位宰相，流毒四海。而其言與生平行事心術，無毫髮略肖。夫子所以有『於予改是』之歎也。」

文至眉山，不特繼往開來，抑實天授，非人力也，何况詩文集並傳乎？蓋無論巨製，以及數語雜著，一經坡公手，便與他家不同，非可以學而至。惟《易傳》、《書傳》，在經學尚非精詣耳。

山谷詩固與坡公並稱，而文亦天骨卓立，亦未肯在半山、盱江下。

《宋文鑑》皆北宋之文，而南宋文未有著録專行之編。昔常熟顧古湫鎮積數十年之功，欲編次南宋文，未知其書成否。

南宋有二吕東萊：其一名本中，江西詩派中之一也；其一則伯恭，嘗與朱子爲友。朱子雖未盡以文稱之，而其文究是根柢經傳。大約南宋諸家，義理漸入細，雖文派不必盡由朱門，究是朱子之學積漸而成。蓋爲文必歸於經術，而時代氣運醞釀臻成，亦視乎其人而已。

南宋已後，漸精考證，故馬貴與、王伯厚、黄東發諸書以次並傳。而文家若樓攻媿集，袁清容稱其於中原師友傳授，悉窮淵奥，經訓小學，精據可傳信，可謂有本之文也矣。袁清容集在元諸家中，亦攻媿之亞也。

有元一代，接南宋之脉。戴剡源、王秋澗、黄文獻、柳（詩）〔待〕制諸集，皆實有根柢，不苟爲炳烺者。蓋論文至南宋後，必以根柢經訓爲主，而考證其實際也。

明則八股時文盛行，學者皓首窮經，惟是之務而已。夫制藝代聖賢立言，其托本豈不高出於序記論辨之屬乎？曰是則有二説焉：一在其本之所從出，則視治經之淺深虛實爲之質也；一在其人之克自樹立，則唐宋以來文家氣脉接續之原委所宜講也。有明一代之文，自宋潛溪、方正學倡導於前，厥後惟歸熙甫一人而已。唐荆川、茅鹿門、王遵巖諸家，皆知研究唐宋以來文家風會。然約而論之，明朝學者皆務經義，而實於經訓轉疏。自永樂間官修《大全》，書塾肄習漸熟高頭講章。十三經注疏，士多未嘗寓目。明朝人之卓然可傳者，八股時文居其大半爾。

文家總集始自昭明，而昭明之選專尚華縟。文家風會始自唐，而唐文沿習駢儷。惟斷自韓文公，上接兩漢，起衰八代。唐世惟有韓柳一二作家，豈能猝爾挽迴世運？宋文嗣焉，而北宋之文，經濟爲骨；南宋已後，漸深考訂。元則尚沿南宋，雖若去經術稍遠，而實尚相近。明則崇盛經義，若與經術相近，而實大相遠，此其概也。至我國朝，試席則沿習八比時文，而經學則漸加邃密。此實世運昌明默默爲之，非人力所能與其間矣。上自官頒欽定諸經訓纂義疏，彙正群言，既勝於前代不啻倍萬矣。欽定《四庫》書以來，士皆益知通經學古，不肯蹈空談義理之習。所以居今日學爲古文，必不可虛撑唐宋家數之空架，而惟以研核考證爲本務，其要先自諸經注疏始也。

治經從注疏始，而爲文之義法與注疏不同。注疏援引證據，以詳博爲務；爲文則自有體裁，如亦效孔、賈之疏，豈爲文之體耶？然以文論，則又竊有説焉。班《史》較之馬遷，則《本紀》多録詔辭，《列傳》多録奏疏及詞賦矣。如《司馬遷傳》録其《與任安書》，或尚有竄易一二字句處，此猶得曰馬班筆力可並駕也。至若孔光罷樂府員奏、解光奏趙昭儀事，則其文筆與班氏迥異，而録入班《史》篇中，不嫌其二致者。即後人爲文欲詳證某事而備載其文，奚不可者，豈得目以任彦昇《彈劉整》而概疑其淆吾文之體乎？乃若文家之以駢體雜入單行體中，則有乖於爲文之格制也。試約舉之。《左氏傳》有排比之句，不嫌其似排比也。《漢書》則亦有之，然究以神理古穆，不得謂爲整比之文也。至《後漢書》則漸啓情韻矣，六朝則情韻漸皆化爲整比矣。以是積漸而成駢四儷六之體，遂與單行者有古今體之判。此實世運爲之，不可强也。然而整比對偶之文，運以單行之氣則益善者，陸宣公奏議是也。單行之文而雜糅以偶儷之句，則如製衣者，布則純布，帛則純帛，豈有布帛雜湊而成衣裳者乎？此自明朝爲文者漸開其習，而後來間有仿效之者，是則宜懸諸戒例矣。與其單行之文雜入駢句，則又無寧間引成篇之文近於疏家者矣。質與文不能相勝，亦不可偏重。聖人一言，衷於君子之彬彬，乃足以持棘子、端木子二説之平。則韓子所謂「沉浸醲郁，含英咀華」，固合《易》、《詩》、《春秋》以言之，豈謂文格中可以參入魏晋、齊梁之習乎？

六朝以後，駢儷自爲文家一體，豈得謂格卑而輕之？要視其事，應須加麗藻者則用之，亦未嘗非文集之自成一格者。要以能溯其源，與單行之文同其氣格，不苟爲抽黄妃白之工，則得之矣。明朝王志堅《四六法海》一編，尚不偏於習尚，亦論文者所宜知也。

時文號稱經義，却與治經疏解之體不同。蓋以治經爲本，以古文爲骨，則其於時文，思過半矣。時文之稱經義者，以其代聖賢立言也，必先從研精《四書》始。

研精《四書》，此則學爲聖賢之道也，夫豈易易？今則於講求時文時爲之，故以墨守朱子《章句集注》爲正，捨是則謂之悖注。然世間時文取科第，及其得名後，高談學古，漸致畔程朱者，比比也。此皆自外於名教，逐末忘本之徒。吾學侶亟當引爲鑒戒，絲毫勿涉足焉可矣。然能確守程朱矣，又須博綜古今，勿蹈於三家村塾之習，則亦惟仍於精研文義中求之而已。《記》曰：「近文章，砥厲廉隅。」蓋學爲儒者，學爲文家，無二理也。

先從讀《四書》，能虚心切己，勿誤於歧趨。所謂歧趨有二：其一是俗學本無定向，苟隨高頭講説，如范紫登《四書體注》之類、馮李驊《左繡》之類，此等坊肆俗本，不可入吾家塾之户限，是爲禁忌之尤切要者；再則，稍有知識，侈口妄議，如閻若璩《古文尚書疏證》、惠〔棟〕《周易述》之類，如謂其中有好處，則且待吾筋骨長成、脚跟立定，而後許其書入吾塾來不遲也。懸此二戒，然後徐徐可語正路。

吾説及惠氏《易述》，則近日嗜古之士必謂吾言不公。蓋其書頗似稽古之作，稱之者衆也。然不知其中實皆過執荀、虞，未能通徹體會經義，較之閻氏攻古文爲害更甚。吾言非過也。又如俗塾所看《四書體注》，若以閻氏攻古文、惠氏執荀虞之弊較之，則《體注》尚是窮秀才家之書，但學者不可安於固陋耳。吾壯年初任廣東學政，首棚開考肇慶府，於明倫堂講書，一生揖而前曰：「《康誥》曰『克明德』，『克』、『明』二字相連。」吾止之，曰：「誤矣。《康誥》之文，『克』字統下『明德』、『慎罰』二義，何云『克』與『明』相連？此必《體注》之語。」因出示曉諭士子，禁止《體注》之書。自今思之，彼時意欲教人從事古學耳，其實亦覺太過。鄉村僻壤，目不睹經説之詳，輒肄業此等書以求應舉，實亦無可設法。但其中固陋有失經義者，在學者自立何如耳？至於諸經皆有體注，高頭講章，以及《春秋》《禮記心典》之類，删經妄作，則不可之甚者矣。

時文家數一於古文氣脉，尋之明朝，則歸震川爲大宗，唐荆川、胡思泉、徐思曠、羅文止皆古文之流也，金正希、陳大士、章大力皆大家之文。然明末天崇間，風會漸有變本加厲之意，不可不慎擇之。

熊鍾陵、劉稚川亦何嘗非明季之流派？乃一入國朝，遂成大雅之音，開啓後賢。此誠世運昌明，默爲轉移，非可以人力强致者。韓慕盧、張京江皆大雅之格，若論古文之氣脉，則桐城方望溪何减今之震川乎？嘗聞諸前輩，望溪之古文乃真時文，而其時文則真古文也。惟時文之體，畢竟以屬對爲格，而望溪真氣流行，往往不暇講對偶，此則其蔽耳。

對比成格而又原本經術者，儲中子也。研精書理而氣味近古者，王已山也。學者酌于二家之間，或庶幾乎。中子雖根柢熊、劉，而其手評熊、劉，或未必悉當。已山服膺正希，而其論次天崇十家，又塾課八編，皆極平允。塾課續編，則或其門人輩爲之，不盡足據。

乾隆初年，金壇王已山、淳安方樸山二家幾乎對峙。蓋宜興儲氏雖云「文出經術」，而在陸草堂以古文詞色入時文，及桐城方氏兄弟純以氣局、不尚詞色，是二者皆歸于金壇之研劘神味而已。然迨其後，亦未嘗不啓空講虚機之弊，則在學者克自樹立而已。其實已山於此事，確能精研實得，非務虚機也。至若樸山，雖根柢極深，取材極博，而其門弟子又漸皆尚才氣。如陳星齋輩究覺貪使才華，不過恃其根柢之深，謂奇彩無傷，而不知防其流弊。則方樸山自云：「吾高下在心，青白在眼，眥黄在口。」實亦導其先路。相傳丹陽彭晋函以文贄於樸山，樸山亦顧收之坐隅，先以所作文試樸山議論。一日對衆共談，樸山極口譽之。及出，而諸君問晋函曰：「子意視方先生如何？」晋函笑曰：「尚不及吴門沈歸愚之作時下墨卷。」晋函語固亦稍過，乃亦微中樸山之弊也。晉函文近始有人刊成，予爲作序。其呈樸山者，集中爲王誦之題文也。然晉函文境固高，亦難以爲學人例耳。

所防乎逞才氣、尚詞藻者，猶未窮極其弊也。乃其後有以考證之業與治經之業，皆溷入經義，則爲害更甚。何也？彼逞才摛藻者，人皆第以才藻目之耳，稍知歸正者，即厭薄不屑爲之矣。至若貪向訓詁考證用功者，則是治經之本務矣，而誰知有以此闌入制舉義者？則人不敢以才藻目之，竟有時文内連寫注疏語十餘行者，此復成何體段？有某君夙習《説文》，在闈中閲卷，見文内直寫《説文》語者，輒欲取中。此則好古之癖，漸不可長者也。某科中式闈墨内用「蠠没」二字，磨勘御史糾彈之。或言此在《爾雅》，非怪僻也，轉嗤糾彈者之過。夫「蠠没」雖出《爾雅》，特釋詁訓耳，非爲文也。若將《釋水》、《釋蟲》内不字爲句之體入於時文可乎？此所謂舛也。然《爾雅》、《説文》猶是其近正者，甚至撦取《路史》諸書新異之字句入於時文，而謂之用古書。此種流弊，更較逞才摛藻者，倍足懲戒。不料經義之流弊壹至於此。

經義之爲體，在宋時本謂之帖經，其實即今試場所謂經解也。經解則與注釋無異也，豈意行之既久，變其本而加厲，遂至甘辛丹素之不同，至於相懸億萬者哉！講求沿波討源之理，必於先民是程，則明隆萬以後機巧滋長，天崇以後才氣交作。君子監古宜今，還淳返本，必有所以善爲維持者矣。

其務本何在？曰通經而已。通經則處處歸根，一切流弊可以掃除矣。以程朱爲根柢，以注疏詁訓爲贏糧，以《史》、《漢》、唐宋大家之文爲氣脉，黜浮崇實，庶得其要義乎。

法自理生，理從題出。所謂題目者，其來遠矣。古書凡題目皆在文下，如「周公踐阼」，後人不知，反誤以爲衍文。此乃古書所謂題目也。蓋古人先有文字而後有題目，故謂之「題」，猶如今人所謂題扁、題壁之「題」。是必先有其物事，而後題以此目，故曰「題目」也。後世文字，則先有題目，而後依題立格，視古所謂「題目」者不同矣。昔茅鹿門作古文，每一墓誌之類，未起稿時，先於筆筒内手拈一紙鬮，及開，視其紙曰「仿某家某篇格式」，然後注思構局。古大家之爲文不可得而知矣，明人作文尚如此。此即今時文某題某格局之嚆矢也。既於經書出題，則必有因題立制之理。康熙間，汪易齋、黄際飛撰《明文商》、《今文商》二編。此二君於治經之根原，古文大家之軌度，未必悉中也，而其標舉某項題目以貽學者，則於時文不爲無裨。顧其所標類目，至數十種題樣之多，亦或不免紛出。要之如所列「單句題」、「截上題」、「截下題」、「二句滚作題」、「兩截題」、「兩扇三扇段落」諸題式，家塾課童子者豈可不知？而近年以來，知用意講此者亦又漸少矣。法非徒法，而用法之凖繩，因題立格，然後再講家數，再講詞色，豈可忽乎哉？

心思之靈機，法之矯變，全在講求截下題。蓋有意半在下而題僅半面者，有意全在下而題未及半面者，其制勝總在於某字。據上游於某字作背水陣，所以實地皆虛，死地皆活，有曰「上虛空跨騄駬」，有曰「盤馬關弓故不發」。此等棘端刺猴之巧，綽有餘地，則無論何等窘步之題，更無能難我者矣。其要亦先在於平日研味書理上下氣脉虛實之法，無他謬巧。

惟其最不可訓者，截搭題也。經書文句，豈能句句於實地作文字？故有截出上下句相凑搭成題者，此仍各就其上下文義氣脉以爲文，而運以機法耳，原不得名曰「截搭題」也。惟其有意鬥奇者，以上下本不相關之字句，或上别有所屬，下别有所受，只取其相近一二字句凑搭爲題目；甚至竟有隔節隔章，迥不相涉而凑搭爲題目；又或遥隔數節，戲拈一二相肖字句以成題。此則文之無理尤甚者，昧書理而亂文體，壞學術而害人心。凡爲主司學政得與於文柄者，幸切戒之。

往時科場有一種不合經典之題目，今功令已久革去者，《春秋》文用合題是也。此亦即《四書》文截搭題之類耳。蓋往時《春秋》經文用胡傳，是以有此。是爲《春秋》經作文字乎？直是爲胡傳作文字耳。亦實胡傳之議論有以啓之，竟使學者爲胡氏作文，與聖經何與？今功令已不遵胡傳，無復此弊矣。而往昔秀水朱氏撰《經義考》，欲以衛正叔《禮記集説》取士，幸未有昌言之者。衛氏《集説》採輯衆説，未有斷定。即如《大學》既依古本次序，而又備載朱注，此將如何用以取士乎？竹垞蓋於其書未及詳審，姑爲此高談復古之語耳。陳澔之《集説》，則稍知考證者皆知其陋，而取士作經文，則轉易於從事，不煩改轍也。前數年，有某翰林欲陳奏《禮記》用鄭注取士，畏部駁而中止。皆此高談復古，不務實得之論爲之也，有志研經者豈在此乎？

制舉義，俗沿稱曰「八股」，以其體段言之也。今則多無其末二結比、正六比矣，亦猶之試律本帖括之一體。亦有八韻者，亦有六韻者，唐試帖多是六韻，今多用八韻。六韻與八韻同也，則六比之格即八股之格，無二義也。惟是既以提二比、中二比、後二比爲六比之式，則豈容更爲變減乎？其或題分上下二截者，則前一截作二比，後一截作二比，其首尾或仍有提二比、結二比，則仍八股格也。抑或前作提段，後作結段，或有中間過渡，亦非一段者，其小變也。此則因題立制，不能泥於中比、後比之式耳。近年忽有人於單句題提二比，下只作點叙，出題一段，而其後只作二比，正發題面，其末略用數語散段作收結。是則單句題六比之局改爲四比，有中比無後比矣。況中間散段之點題，不過數語，後幅又用散段收結，更不成局勢矣。近數科頗有利爲便捷易於成篇者，時亦弋獲，群相慕效，是則有乖文體之甚者，有志釐正文體者，庶幾慎之。

八股時文之學，學者束髮受書，習爲專務，借此以研味經書理脉，則較之漢唐人從考訂師承入手者，却自易於得路，不可薄視爲卑近也。然專力於此而有得焉，其於學爲聖賢之路，學爲古文之路，皆可以漸而幾矣。惟是一工時文，則不工於爲詩。明歸熙甫不聞能詩。

本朝初年，朱竹垞入翰林後，猶未嘗操筆爲時文。康熙辛酉，典江南鄉試，乃習學此事。聞前輩説桐城方望溪，少時嘗學作五言古詩，請益於竹垞，竹垞曰：「以子之才，幸勿學此，若學作詩，其名必敗。」望溪亦遂聽從其言，終身不爲詩。予所知交如胡雲持、錢坤一，皆不能爲時文。予見雲持時，予初入翰林，正有意學詩之始，幸雲持教以須擱筆不爲時文，然後可學詩。詩與時文兩途，其驗如此。

蘇齋筆記卷第九

詩

文必根本六經，詩必根本《三百篇》。蓋未有不深探經學而能言詩文者。治經以義理爲主，不可以後世詩文例之。然未有不深究《三百篇》之理而能言者，亦未有不深究於詩教原流正變，而能讀《三百篇》者。此詩家最上第一義。

楚騷者，《三百篇》之一變，故曰：「賦者，古詩之流。」樂府，則又其一變，而實無二義。史家録樂府則自《房中》、《郊祀歌》始，詩家録樂府則自《鐃吹》始。吴兢之《解》，郭茂倩之《集》，漸次析别，而其流日廣矣。

天地覆載，萬象並包，日月照臨，星緯森曜，山川草木，輿區品彙，形聲出焉，時地殊焉。蔑古而趨時，忘本而逐末者，非也。泥古以矯俗，執一以廢百者，亦非也。知正知變，鑒古宜今。

所謂夏造殷因，或素或青，所謂先河後海，或源或委，其理一也。

四言，效《三百篇》體也。顧《三百篇》體製非一，實包藴千古作者之體，非可僅以四言爲效古也。韋、孟、柳宗元之四言，正擬《三百篇》而作。若韓之四言，則又不然矣。若魏武「對酒當歌」之類，又若蘇舜欽兄弟之作，出奇無窮，非可以一概論。

效古之作，必以簡古爲高者，此猶襲貌之見耳。如謂風詩之變，至「小東大東」、「南箕北斗」，似涉放筆。然《周頌》句法皆簡，而《商頌》轉不簡。「受小球大球，受小共大共」，「莫敢不來享，莫敢不來王」，皆商詩也。豈必以繁簡區别古今風會哉？

五言效古之作，目爲《選》體，此亦不可概論。《文選》自《十九首》始，《十九首》何嘗如三謝、顔、鮑諸家體乎？人之心思與事境，時代迭相推衍，而聲音節奏從之風會，豈人所强爲乎？故凡擬古之作，偶一爲之，則可耳。必以擬古爲詩學之正，則僞體出矣。

古不必擬，則盛唐又豈可擬乎？何、李一輩人所謂「文必西漢，詩必盛唐」者，僅作語資可耳。後人詩集偶有一首，必題云「仿某人體」者，亦即此足見其全集之皆不仿其體矣。斷無作詩而專仿某家之體者也。

韓文公教人自爲，又云：「惟詞於古必己出。」杜云：「讀書破萬卷，下筆如有神。」人只在多讀書，讀書既多，讀書既通，自然流露，所謂不得已而後言，豈必執定某一家爲板樣乎？然惟其不泥古、不襲古，而愈當以勤求古人爲事。姜白石《詩説》云：「不求與古人離，而不能不離。不求與古人合，而不能不合。」二語盡之矣。

范蔚宗云：「文以意爲主。」此「意」字即理路之謂也。杜云：「熟精《文選》理。」杜牧之謂李長吉詩：「若加之以理，奴僕命騷可矣。」此「理」字非專言義理。然而義理之理即文理之理，即肌理之理，即治玉治骨角之理，無二理也。以聖賢途徑言之，則不得不有形上形下之分。故精義入神與灑掃應對，本一事也。由程朱以上溯孔孟，由今時文以上窺六經，由今五七言古體近體，以上溯漢魏六朝唐宋，因以上溯《三百篇》，無二事也。然則杜、韓、蘇、黄以後之詩，與三謝以上之詩，無二途也，而奚其區别畛界也歟？

既知萬法一源，千塗一轍矣。而又不得不剖辨時代，剖辨家數，剖辨體格，剖辨音節。一則人之質地不同，所謂學焉而得其性之所近，不可强者也。一則事境所處，因而分家數格調之正變，亦不可强者也。天質之自然與師資之講習，書卷之膏沃，則所謂地有肥磽，雨露之養，人事之不齊也。

有學人之詩，有才人之詩，有專取興象、專取性靈之詩。若以詩言志論之，則性靈爲主，而興象佐之，古人原以天籟爲真詩也。然而世運與學問相乘而生焉。若必盡效祖詠春雪四句，意盡輒足，則漁洋所謂三昧者，直若舉古今學者皆歸於空中之音，作禪房入定之興象以爲超詣。漁洋固云「舉一而反三也」，吾則爲擬一語云：「舉一而廢百也。」再若必盡推佇興而就之靈妙，則又恐啓陳白沙、莊定山之流弊矣。所以詩家競言才矣，曰才思，曰才力，曰才藻。思與力皆自己出，藻則資學矣。因時因地，監古宜今。士生今日，百年以前尚沿明朝人貌襲之古人之弊。惟我國朝考訂之學，博洽則追東漢，精研則兼南宋，際此通經稽古之會，則其爲詩也，必以學人之詩爲職志，乃克有以自立耳。

詩必以杜爲萬法歸原處，詩必以杜爲千古一轍處，學者皆知此義也。而無如博稽古今，見《選》體以上，若似乎五言必力追杜以前矣。又見宋元以後諸家格調之變，家數之不同，若似乎未能專以杜爲定程者。是以詩道紛岐，無由率循也。又其議論岐出者，或謂杜以叙述亂離爲長，又或謂杜不長於絶句，此皆偏畸之見也。敖器之論詩曰：「杜如周公制禮，此定品也。」彼謂杜善叙述亂離者，特管中窺豹耳。凡言詩者，非以貌取也。如以貌取，則絶句當如太白、少伯、右丞、義山、樊川之絶句，不專以杜言矣。豈如杜之神理無所不賅，其絶句亦原可賅諸家絶句者耳。惟不以貌取，而後知上而《風》、《雅》、《頌》之典則，即皆杜詩也；下而宋元明之派別，即皆杜詩也。於是乎真詩學出焉矣。

《史記·孔子世家》曰：「三百五篇，孔子皆弦歌之，以求合《韶》、《武》、《雅》、《頌》之音。」《樂記》曰：「聲相應故生變，變成方謂之音。」又曰：「聲成文謂之音。」又曰：「聲音之道與政通矣。」此數言者，古詩之總序也。即謂古今諸家、諸體之總序可也。

古詩，自蕭梁《文選》外，其總彙成編者，惟馮氏《古詩紀》粗備矣。唐詩，至我聖祖仁皇帝，始有《全唐詩》之刻。昔海鹽胡孝轅有《唐音統籤》，而其書未能刊成，今則皆在《全唐詩》内矣。漁洋第見其《戊》、《癸》二籤耳，不及見此全刻也。宋詩，明李于田蓘《藝圃集》世所罕傳，惟吴孟舉《宋詩鈔》，及近日厲樊榭《宋詩紀事》，粗具其略。《兩宋名賢小集》及南宋書坊陳起《江湖小集》，流布亦少。金詩，郭于宮元釪所刻《欽定全金詩》，其板漸有漫漶處，近有浙江王秀才敞爲之修補，尚有修補未盡者。元詩，顧俠君嗣立三集之選，惟闕《癸集》，近日有人補之，卷帙增倍，意在廣收耳。明詩，則朱竹垞《明詩綜》，特粗舉其概也。

御定《全唐詩》外，復有徐方虎倬奉詔刊行《全唐詩録》。其餘諸家所選唐詩，可毋庸矣。李滄溟《唐詩選》所録太少，而人多習見者。即漁洋論詩，亦每舉所謂「唐無五言古詩，而有其古詩」二語，遂致畫分古調、唐調之界，此特仍歷下格調之見耳，其實不必然也。計敏夫《唐詩紀事》亦可單行，不必以詩選目之也。

新城王文簡尚書在國初詩人中特邀宸鑒，蓋其品質獨高，識見亦不偏于一隅。所選如《五七言詩鈔》，如《唐賢三昧集》、《唐詩十選》、《唐人萬首絶句選》，皆足資學者誦習。實前代選詩諸家所未及，非以衆所共推而虚美之也。

漁洋於詩標舉「羚羊挂角，不著一字」之旨，此蓋承前代李空同、李滄溟一輩人競言格調，慮學者沿襲浮冒，而特舉神韻以爲超詣。其實綜論古今諸家、諸體，亦非必以此概之也。然而拈取神韻，却亦足以函藴古今諸家、諸體。此自在學者多讀書，方能善會，非可以空談爲事耳。愚於漁洋論詩，偶有僅指一隅處，未嘗不爲學者切言之，而於大局則未敢輕忽也。

詩之有注，自《文選》始，然上溯毛《傳》、鄭《箋》，其源遠矣。蓋古者訓詁本於師承，非若後人掇拾演説也。凡詩賴注以明者，或意有寄托，非注不能達其旨，或事有關涉，非注無以悉其由，則注爲有益也。若第以字句所出，明其來歷，是亦有數端焉。一則僻書僻事，人所不習見，則注之。或語有祖述，備見原委，則注之。再則雖非僻書僻事，而所用指實之端，別有切合之據，則注之。如此則引據原文，不厭其詳，可也。若只尋常習見類記之故實，則讀是詩者諒非蒙童，豈必繁稱博引爲乎？人之所處不同，其隨時感寓又各不同，則史傳、譜牒尤所徵實。然亦又有其人其事相近，而詩指又別者，所以古人集中自注爲要。若杜詩，自注之外，又有原注，原注又不盡是自注者。推此以例諸家，則注之體例與詩相關，爲宜慎也。知此義，則今人自作詩，更不可不慎於自注矣。

唐人題皆簡净有法，自注亦皆質實不煩。宋以後，則題漸繁而注亦隨之矣。押韻乃詩之要義，宋以後漸皆不講韻部，蘇、黄大家乃爲壞法之尤。唐人尚皆謹嚴，杜、韓古詩用韻，千古規式也。三代時，無平仄四聲之譜，無韻部之書，而《三百篇》拍節諧聲，無一不合。至後人作詩，有平仄四聲之書，有韻部之書。而宋人以後，漸多不守韻部，乃至古詩不知平仄，且甚至律詩亦不講一三五字之正變。韻部之不講，自蘇、黄諸家。大約於平韻諸部，衆所習用，尚不甚紊亂。乃仄部，則紊亂用之。至於入聲諸部，則更無紀律，竟若可隨口牽涉，隨意押用者。此猶是宋人也。至明朝詩人，竟至平聲諸部，真文與庚青同用，魚虞與歌麻同用，幾乎束韻部於高閣而自爲詩者。則考訂精審之功，其在今日矣。

有今日之律詩稱曰「近體」，所以别古人之詩，目之曰「古詩」。其實古人只此詩，無所謂「古詩」也。學爲詩者，必宜從古詩植基，以立定體格音節，然後漸爲近體。律詩則其體格音節久已明白，而律詩之合度必矣。古詩本不必專意特講音節也。《三百篇》何嘗有人講音節，而音節無不合者。即漢魏六朝唐人之古詩，亦未嘗專講音節，而音節無不合也。至今日，乃有新城王漁洋特撰《古詩聲調譜》以講音節。究其初，漁洋亦不過自撰此於私篋自用之，自調諧之，非必出以教人也。直至其與青州趙秋谷争論古詩平仄之不諧，然後秋谷慮其私爲枕中之秘，遂刊本以示人，而學者皆傳爲漁洋著書以講古詩音節矣。其夙能師古者，又或見而竊笑之，以爲自有心聲天籟，奚必斤斤講之？乃愈斤斤細講，而學人之爲古詩轉有泥其説而不合者，又有小變其説而愈不合者。此皆非漁洋之過，而人自不善學之過也。平心而論，既有古詩平仄之多不合者，或泥古而反不合，或變古而愈不合，則不如仍向陶、謝、江、鮑、杜、韓諸家求之，有餘師耳。

古詩盛於五言。蓋四言既有《三百篇》在前，後人不能出其範圍，其變調者又不可施於常用，故以五言爲正矩也。漢人枚乘、傅毅之作，間存一二。至東漢末建安七子，而其氣格體制萃於一時，故李太白云：「蓬萊文章建安骨。」韓文公亦云：「建安能者七。」此五言最盛之始。

陶、謝爲五言之大宗，而謝靈運、玄暉二家承前啓後。昔人謂：「大謝收束六朝，小謝開啓三唐。」此二語亦可略舉大端矣。蓋陶詩冲澹閒曠之品，是琴聲也。樂之集成，則聲振條理畢會焉。琴瑟專一，亦非必以此該舉笙磬上下之均也。《雅》宣於朝，《風》施於國，《頌》形容於廟。弦而歌之，以求合《韶》、《武》。天地之運會，性情學問之律度，以漸而成方也。若鄴中之集，暨乎江文通之擬古，皆上下闢捩。聲容之盛，一家各有一家之極至矣。

阮嗣宗之《詠懷》，左太冲之《詠史》，皆獨闢一徑，開啓風會。入唐之初，陳伯玉繼阮而作。此皆六朝與三唐之關捩。

諸體至唐極盛，約有三途，其實一義。王右丞則佛家説無生，參不二妙門，諸有皆彙焉。終唐之世，接武正變，無能出其域者。蓋嗣法者最衆，而真到頂門者卒罕見也。李太白則丹室之光，白日冲舉五城十二樓，彈指即見，亦初不以此開啓後人，而後人能臻此者鮮矣。杜少陵則布帛菽粟、日用飲食，自灑掃應對，以至窮神知化，率循皆適於道，惟善學者能之。若韓文公文起八代之衰，詩亦振古之作，不必其師法杜陵也。白樂天廣大教化，亦自無不函蓋，亦不必其爲右丞、爲李杜也。韋左司之於陶，柳柳州之于謝，亦何常師，而自然成格。杜樊川、李義山在晚唐特起，遠接前賢，亦皆不以貌似也。蓋詩至唐賢，乃爲各極其至。

杜詩古稱千家注、九家注。且如杜詩内有自注，有唐注，此先須辨之。且如後人所傳諸本，字句之不同，不此之辨而徒多訓義，何爲乎？況讀杜、注杜者漸多，以後來塾師文義見解參之，將愈注而愈茫昧矣。若以山谷之論，莫如專誦杜詩，而不看後人解説，庶漸可得路乎。即義山詩，亦多其注解之紛出耳。

聖賢正學未有啓後人流弊者，諸子百家則有漸啓流弊者矣。惟詩亦然。唐人無不效右丞者，然其弊也淺薄弱下而已，非右丞詩使之也。太白詩無有能效之者。杜詩，唐惟一李義山得其微意，而弗襲其貌也。韓門之徒，張文昌非學韓也。李長吉則亦非學韓，而其筆力才藻似沿其遺意，於是乎後之學長吉者出焉。李義山不冒襲杜，而其體則與温、段並稱，於是後之學温、李者出焉。皆所謂變本而加厲者耳。

蘇齋筆記卷第十

詩

上古詩歌，經籍僅有傳者，虞廷、夏五子外不多見。商，《頌》僅存。至周，《雅》、《頌》、《國風》，其詩大備。而七國之末，流爲楚騷，是其變所極也。漢魏古詩，流傳亦不甚多。至建安才子以後，陶、謝、顔、鮑以下諸家盛矣。而其流極至於齊梁，訖于徐、庾諸家，漸播玉臺之詠，抑又其變所極矣。唐詩繼漢魏六朝，而其始未嘗不尚沿齊梁餘意，惟陳伯玉振起古風。至盛唐，李、杜諸大家，發洩天地元聲，益臻盛矣。逮於中晚，流至温、李諸家，漸啓香奩之體，抑又其變所極矣。後五代亦沿唐餘，至宋初亦尚沿西崑餘習，王黄州至歐、梅以後，惟王半山詩以書卷之意出之。至蘇、黄而體格益大，人才、學問相因而發。厥後蘇學盛于北，而金源《中州》之集出焉，元遺山其選也。南宋諸家，陸放翁其首選，而楊、范以後漸流爲江湖小集。而元代諸家推波助瀾，虞道園之學問、才力無能繼者，漸致楊廉夫、顧玉山之藻韻，此又其一變也。至其後，明初諸人亦又尚沿元季流派，高季迪能振起而未竟其蘊，馴致李、何、王、李前後七子迭興，競成冒襲。至於公安、竟陵，而詩教衰矣，此又變之極而未成者也。惟我國朝景運日新，經義詩文並崇實學，是以考證之學接漢跨宋。於此時研精正業者，蓋必以實學見興觀群怨之旨，得温柔敦厚之遺，審律諧聲，作忠教孝，豈徒有鑒於明季相沿之僞體，乃正足以上遡《三百篇》之真意。士所以自立者，當何如乎？

東坡詩：「五代文章付劫灰，升平格力未全回。故知前輩宗徐庾，數首風流似玉臺。」此四句雖論宋初詩，實足以見歷代詩品原委相接之概。唐之承六朝，宋之承五季，明之承元，皆是如此。宋初如晏元獻、二宋之屬，皆楊、劉之接武，所以西崑酬唱實唐宋之交會。元遺山詩：「百年纔覺古風回，元祐諸賢次弟來。」亦是此義。唐之開元、天寶，即宋之熙寧、元豐也。李空同雖僞體，而其送徐昌穀詩，追述唐宋作者曰「大曆熙寧各有人」，亦即此義。但當指開元、天寶，非可以大曆目之。空同此句之意，蓋以杜詩多在至德以後、大曆之初故云爾。不知者以大曆十子目之，則非其語義矣。是故言明詩推許李、何者，輒以弘治七子擬諸盛唐，正合空同此句之命意，而實則空談襲貌而已，不足當此言也。若以天地元聲，文章元氣，則繼往開來，承接經學正脉以抒心得，風會所臻，其闡發當在今日矣。此並非作賁飾之詞，乃是敬與吾學侶商確精微之實詣也。

明朝人之論詩，莫善於李于田，莫不善於李于鱗。今人但知李于鱗而不知有李于田，何也？李于鱗曰：「唐無五言古詩，而有其古詩。」此二語將漢魏六朝詩與唐詩畫分疆界，最爲學者之害，而漁洋尚不敢斥駁之。且如遺山云：「陶淵明，晉之白樂天；柳子厚，唐之謝靈運。」此二語即徹上徹下之境會矣，而奚以此疆爾界爲乎？此滄溟之不善言唐詩，即其不善言漢魏六朝也，故曰滄溟不善言詩也。若李于田之於宋詩，取宋初諸家以冠其首，始知楊、劉西崑之所自來。後來吴孟舉《宋詩鈔》直從王元之起，則置宋初諸人於不論，而宋初與唐末相接之脉不可見矣。故曰于田善言詩也。不有宋初一輩人居前，豈能放出歐、梅，以後至蘇、黄諸家乎？

計敏夫《唐詩紀事》，特詩話之屬耳。至厲樊榭《宋詩紀事》，雖亦非選録宋諸家之全集，而以接計敏夫之編，則於宋詩具徵文獻，始知是編不可少耳。

使天下後世見其事功，而惜其不應講學問者，明之王守仁也；使大下後世見其詩文，而斥其不應施於事爲者，宋之王安石也。半山若不作宰相，只以書生終身，只以詩文集傳於後，則歐、蘇不能加也。半山詩集又不沿宋初上承唐末之遺意，又不似元祐諸賢之大放厥辭，獨於其間能自樹立。歐陽公贈之詩曰：「吏部文章，翰林風月。」李翰林之風月，則介甫似不欲以自居，故其答之曰：「此生安敢望韓公？」直推却李翰林不論，而獨言韓吏部。此特狂狷意氣之言，亦未必愜於歐陽贈之之意也。然而其詩一無倚傍，直以自立骨幹爲之，並能有書卷之味行乎其間。若以韓吏部之文章論之，韓門諸君子之詩未有足當之者。或者唐之王仲初乎？然仲初亦不能全體當之耳。歐陽詩：「吏部文章二百年。」吏部文章本是前人稱謝公語，似介甫不應以韓爲答。然此句「吏部文章」或是當日永叔與介甫面談及此，曾援昌黎以期之，故詩借前人稱謝之語以爲言耳。此等處正不必泥也。

李雁湖注王荆公詩，雁湖名壁，壁字從土，或作璧，訛也。傳本絶少。近日海鹽張宗松得宋槧本刻之以傳，然聞其書後有庚寅增注，而張刻未之有也。嘗以語同年盧抱經，抱經從杭州藏書借得寫寄，附於張刻後，爲完書矣。所稱庚寅增注者，以陳直齋《書録解題》考之，知是臨川曾極景建所增注也。惜抱經借鈔時合並其增注於每條下，無由析知某句是增注矣，仍當依其原本卷次全刻之乃善。

王逢原名令，王介甫之妹婿《廣陵集》，詩有筆力。此集與介甫詩同讀，是亦韓詩後之接脉也，亦愈見介甫之不可及。

宋之有蘇詩，猶唐之有杜詩，一代精華氣脉全洩於此。蘇亦初不學杜也，然開卷《荆州》五律，何嘗不從杜來？其後演迤宏肆，令人不能識其詣所至耳。

坡公才力之富，函蓋萬象，吞吐百家。予則謂坡詩「始知真放本精微」一語可作全集發凡也。

蘇詩諸體無不臻妙，更何待言。元遺山云：「蘇門果有忠臣在，肯放坡詩百態新。」又云：「奇外無奇更出奇，一波纔動萬波隨。」揆此義，於其詩尚微有憾耶。吾不能仰窺也。金入洪鑪，瀾回大海，遺山當日必有深得於凝鍊節制之理，而不以示人，何也？正恐質諸坡公亦難措手。

若以爲太過於生波，太過於翻新，則其後又有楊誠齋之加甚矣。遺山固不能知世間又出楊誠齋耳。此間分刌節度，正要善體會之。昔竇臮《述書賦》品藷書曰：「澆漓後學，而得無罪乎？」天地精華發洩到此際，誠有不能强者。竇之品藷與遺山之論蘇，正可匹對。

乃今通合蘇詩，大體言之，實亦俯仰無憾。所微憾者，開後人次韻、疊韻太過之弊，則「奇外無奇更出奇」，適以見其有出力見巧之痕迹也。夫因難見巧者，非不寶貴也，然而太璞不完矣。次韻疊韻之奇妙，其爲弊也，更甚於出韻之隨意，何也？出韻之爲弊，人所易知，而疊韻之奇巧，人所競慕。此間力追正始，力挽波流，知道者當如何斟酌而出之？

竊嘗爲善讀蘇詩者進一辭，曰：「能知杜法，則蘇詩皆真詩矣，皆無一處之滋弊矣。」持此説以讀蘇、黄，皆此義也。持此説以上下千古，該遍百家，皆此義也。

世所傳《施注蘇詩》，實施、顧二家同注。嘉泰二年刻於淮東倉曹，每卷首第一行題曰：「注東坡先生詩卷第幾。」次二行並書曰：「吴興施氏、吴郡顧氏。」施元之與顧禧同注者也。陸游爲之序，吴興傅稚楷書鋟板。傅稚字漢孺，工率更書，陸放翁之甥也。其板久毁，印本亦不可見。康熙己卯，宋牧仲官江蘇巡撫，於吴門得其殘本，闕十二卷，牧仲屬其幕中武進邵長蘅補成刻之。施元之字德〔操〕〔初〕，暨其子施宿字武子，顧禧字景繁。其原注於詩題下，宋人事迹有史傳不能具詳者，多所徵述。惜此殘帙紙多蠹損，不比詩中所用事可檢經史諸書補入者。宋中丞得此本，宜就其殘本某行闕幾字依樣寫刻，如汲古閣毛氏刊《禮記疏》之式，亦奚不可？乃邵長蘅於題下殘損不能補者，一概删去原注，深可憾也。聞有宋末景定壬戌吴門鄭羽補其漫漶重刻之本，而傳者益少矣。宋中丞所得之殘本凡三十一册，乾隆癸巳，予無意中購得之。前失去序及目之上卷矣，僅從目下卷起，每册前有毛子晋、宋牧仲諸印，古香襲几。其蠹損處皆用紙接整，有裱背羅焕印記。桐鄉馮星實應榴撰《蘇詩合注》，時時來吾齋摘録注語。其後馮於江南見友人影寫鄭羽景定重刻本，札寄予，始知之，惜其本今不知何往矣。

詩至坡公，才力之雄肆，風格之深厚，殆無可以復變矣。是以山谷用逆筆矯變出之，遂以蘇黄並稱。又其使事工於運用，無鑪鞴之迹而肌理所從出，則實仍杜法也。一變而爲陳後山，則與杜又漸遠；再變而爲陳簡齋，乃又若於杜稍近，皆非其真也。吾所以最服遺山論詩曰：

「古雅難將子美親，精微全失義山真。論詩寧下涪翁拜，未作江西社裏人。」此其不欲以黄詩儕諸江西派，而於論義山之精純連類及於山谷，乃真知山谷者也，乃真善杜法者也。

山谷有《古詩二首上蘇公》者，其尊蘇至矣。坡公和答之作，才力氣局，皆若可以籠罩其上，而精深不及也。米海岳於書法云：「某嘗北面端明。」坡公拊其背曰：「今則青出於藍矣。」米曰：「公真知我者！」米竟以此自負矣，黄似未敢如此。後來陸放翁無一言欲擬蘇，而意似竊比云爾，元遺山亦然，竟無一人可效米之自負者。

黄詩《前集》任淵注，其目録一卷，即任淵所爲山谷年譜也，卷前有鄱陽許尹序。錢曾《讀書敏求記》云：「舊刻《山谷詩注》甚佳。但目録中《宿舊彭澤懷陶令》題下注云：『舊本自此以上缺二板，以後諸題例之前，各題下皆當有注脚。』此所云題下注脚，即山谷年譜。『今詢無此本，姑列各題如右。』」云云。蓋刻此書者竟不及見，遂令舉世缺此幾頁，宋本之難得如此。予昔借秀水汪氏裘杼樓藏舊寫本鈔之，實亦缺此數頁，後於元劉壎《水雲邨泯稿》内得見此前數頁之文，乃得補成全帙。又《山谷外集》史容注，《别集》史季温注，亦皆借鈔成帙矣，當合黄䇿子耕所編《山谷年譜》，彙鈔三集注校刻之。

南宋出一陸放翁，下筆縱横，長瀾千里，蘇、黄之後僅見此爾。然而全集無一長篇，其古詩竟無二十韻以外之作。然却又不以簡古制勝，其古詩無一首仿漢魏樂府，仿阮、陳《詠懷》、《感遇》之作，上而去《騷》不相近，中而去陶、謝亦不相近。若以爲似白亦不似白，放翁自云：「道似香山實不同。」以爲似蘇亦不似蘇。若較同時齊名之尤、蕭、楊、范，則高出層倍也。

放翁根柢深厚，在後山、簡齋上遠甚，則亦奚必其學杜哉，抑又奚必其接蘇、黃哉。

放翁全詩之骨，惟志在恢復南宋，若謂其位卑言高，則杜少陵亦豈居高位者，亦並非以此支撐詩骨之大局耳。興、觀、群、怨之理本當如此。

若專以詩之體格言，則惟七言律詩神力完足。杜後惟李義山，義山之後，雖東坡七律亦非專擅一幟，自不能不接以放翁七律矣。

南宋詩陸放翁爲大宗，稍前則曾茶山，稍後則姜白石。

曾茶山生於元豐七年，蓋未及見蘇黃也，然其集則有北宋之詩，不僅以南宋目之也。放翁生於宣和七年，集中編詩則自紹興二十六年始，年三十二矣。其歷仕至紹興之初，始以提舉武夷冲祐宫家居，此後乃多家居之作。而放翁家居之時，南宋紹熙元年，即金章宗明昌元年，元遺山生矣，二老南北相望，特未相知見耳。

陸詩大處構局、細處鍊意，皆似得杜之概矣。然吾欲於長瀾千里中求其峰巒焉，豈有如此長瀾而中無離堆砥柱之峻峙者，乃於筋節肌理求之，皆未見峰巒所峙處，則第以胸次峙起峰巒耶？竟恃胸次以獨行千古歟。

放翁嗜讀《易》，有「讀易十絶編」之句，然於《易》未有解述之書。查初白嘗舉放翁詩云：「易傳三聖至仲尼，炎炎秦火乃見遺。經中獨無一字遺，正須虚心以受之。」初白於詩外却有《易翫辭集解》之作。

放翁嗜梅嗜海棠，二花品味，到放翁詩中淋漓吐氣，在遺山嗜杏之上。

以放翁自號，在淳熙三年丙申，時年五十二，在成都。《卜居》詩有「老來要覓數年閑」之句。《飯昭覺寺》詩有「潛光寮裏明窗下，借我消揺過十年」之句。其後至慶元五年己未，請老始拜致仕之命。然嘉泰二年壬戌復應詔出修《孝宗實録》，三年癸亥除寶謨閣待制，至四年甲子以後乃家居，此後家居者七年耳。

放翁、遺山二先生，南北不及相見，而放翁六十六歲時，遺山生於金。若虞道園，則生於遺山卒後十五年，而欲編《南州集》，則必嘗得見遺山《中州集》也。未知道園之意，自放翁外品次若何。爾日程學盛於南，蘇學盛於北。如以學問精研，則馬貴與、王伯厚考析之功益深至也。

如以詩論，則南渡之末漸爲《江湖小集》、《谷音》、《月泉》之編，其如何承前啓後者？道園集中固未有説及之耳。

韓文公謂燕趙古稱多感慨悲歌之氣。此語必實有所本，非專指高漸離擊筑易水送荆軻一段蒼凉景事也。以此論詩，則元遺山可以當之。

遺山詩秀骨天成，奇氣勃發，自是坡公而後一人。惟是宋南渡後出一陸放翁，放翁固不能掩蓋遺山，遺山亦不能掩蓋放翁也。

放翁集不擬樂府體，而遺山樂府歌辭自成骨韻。若以杜牧之序李長吉集謂「使加以理，可奴僕命《騷》」，則遺山豈止以長吉量之者？

自古詩人集中，自杜少陵戲爲絶句之後，惟遺山論詩絶句獨出冠古矣。後雖有仿作者，皆莫之能及也。

遺山詩諸體，縱之則奇宕生姿，斂之則易於平淹，五律是也。五古則具見秀骨，勝於五律。此亦其雄恣之氣稍能見於古體，而不能自振於五律也。以遺山之胸次筆力而不能振起五律，則後之爲五律者，斷不可復效中唐十子之五律矣。五律必以右丞、少陵爲大宗，中晚唐諸家未嘗不效右丞，然而右丞五律不如是也。蓋右丞之情文醞釀，仍自江文通、何仲言之五律濬洩出之，而又能脱去齊梁陳之浮靡，是以蔚跂獨出也。不善學者，第揣摩其詞色聲情，以爲工於景事，而其中未嘗醞釀而出，故其味不能深長。沿至姚武功、賈長江之屬，第攬其郛廓而已，惟義山、樊川自有風骨，正亦何必其似右丞、少陵哉！宋人五律益少深詣，雖以蘇、黄二家亦不專擅此體，放翁亦然。然而有神到處，奚以多爲乎！若遺山則其氣局可接蘇矣，而於五律猝不及繩檢者。學問之道，竟偶有精力不能貫徹之處。此乃是分寸毫釐可興、可觀之際。而漁洋標舉神韻，豈竟以王、孟、韋、柳五古可該五律之大局，胥天下後世才人、學人俱蹈於祖詠之終南春雪，意盡而止，以爲此三昧也。則豈有李、何一輩蹈襲盛唐謂之僞體，而蹈襲王、孟、韋、柳不謂之僞體者哉？吾蓋準此以論文，所謂夏造殷因，或素或青，又謂先河後海，或原或委，則居今稽古，審諦源流。豈但五律必不可爲中唐錢、劉、十子之五律？即五古，亦必不可爲《選》體之五古矣。且如遺山之長句樂府，非復李長吉之長句樂府也，楊鐵厓、張玉笥之長句樂府，又非長吉之長句樂府也。此數家皆昌谷之遺，而並不昌谷之似。則五言雅正之途，士當知所自立矣。自立風格，從自立人品學問中來。一言蔽之，則杜公云「法自儒家有」，此學問中事矣。吾故於宋人五律推半山，於元人五律推道園也。此皆從讀破萬卷出也，豈其學右丞，豈其學少陵哉？不惟此也。義山、樊川皆少陵之嗣，義山五律造精詣處更多，何嘗有一句似少陵乎？乃漁洋則曰：「山水閒適宜用王、韋，亂離叙述宜用杜。」先生自生畛域，古人初無畛域也。周《雅》曰：「豐水東注，維禹之績。四方攸同，皇王維辟。」《頌》曰：「宣哲維人，文武維后。燕及皇天，克昌厥後。」使杜子美入裸室作薦獻之樂章，亦如是而已。顧因其在天寶、至德時，流寓楚蜀，而目爲亂離之音。此所謂以目皮相者也。以少陵之筆接商周《猗》、《那》、《清廟之什》，唐宋後吾必推道園矣。嘗慨想爾日與袁、馬諸賢並轡上京，若使其亦有論詩之什探討古今，更當何如？然而道園五言未嘗不艷發於六朝、沉浸於樂府也，若僅取景事之工、情韻之雅，以爲紹古作者，吾甚不欲以吳梅邨五古及漁洋五古五律當之矣。故因論遺山詩而類及之。

遺山論詩，所謂金翅驪珠、金針度繡者，果安在哉？此如王浚儀《困學紀聞》，望氣者但以爲宏詞科也。正恐漁洋先生標舉神韻，尚未能肩任此耳。

遺山汾晋，漁洋濟南，皆沐浴太行峰翠一段乾坤清淑之氣，豈有李獻吉翻居然以北地自雄之理？

虞道園欲撰《南州集》而未果成，然其意則似欲仿效遺山之《中州集》也。此乃正落遺山籠罩中耳。

詩至虞道園，有六經之淵微，有漢魏六朝之祖述，有諸子百家、三教九流之潤液。所少者，杜、韓、蘇氣局之博大耳。然此却是真詩，何必强求其博大乎。

《道園集》，愚嘗手鈔彙輯《在朝稿》、《應制録》、《歸田稿》、《方外稿》，合之補編，附以年譜，曾運使爲鋟板于揚州。凡十卷，詩千一百二十餘篇。蓋先録其詩，而文尚未鈔入。李序所謂泰山豪芒也。

詩至虞道園而性情、學問歸於一矣。愚意讀古人詩，自《三百篇》後，由漢魏六朝、唐宋沿波討源，至於虞道園，皆詩教所系也。其接元人詩而爲有明一代之作者，置之弗論可矣。

明朝一代之詩置之勿論，或以爲太過也。平心而論，自古無冒襲之僞作。杜所謂别裁僞體，蓋唐時偶有沿齊梁之習者，所謂與齊梁作後塵者也。歷代之詩，其初皆不免沿前代之習。如唐初之沿齊梁，宋初之沿西崑，即明初之沿元季亦等耳。然唐初沿齊梁之習，而陳伯玉、張曲江皆能變而振之，杜以下更變而振之矣。宋初沿爲西崑，則如王元之以逮歐、梅，再接以蘇、黄，變而振之矣。惟明朝不然。明初沿元季諸人之遺，蓋元之末年如顧阿瑛玉山草堂之集，即已開明初一輩之詩。高季迪之天才，視玉山雅集諸人更爲超出。即以劉誠意、宋潛溪學問才力，皆勝元季諸人。則明初詩沿元人之習者，豈惟不襲元人之貌，抑且兼有元人之勝場，非唐初沿齊梁、宋初沿西崑之比也。乃明之中葉，弘治七子作於前，嘉靖七子繼於後，名爲復古，而全以假冒爲之。雖有才能振古如徐昌穀者，亦仍是空襲古調而已。迨於後公安派所謂白蘇者，更非白、蘇矣。是則合有明一代之才力，皆尚不及其初沿元人之遺意者，愈變愈離經、愈失真。經學既蕪陋，詞章又冒襲，惟以八股時文擅能而已，所以不能與唐、宋、金、元並論也。

約而言之，明詩前惟高季迪，後惟高蘇門，此二家可以稱詩矣。高季迪既才不克終，高蘇門又體不能備。朱竹垞《明詩綜》於徵文考獻，具能摭實，觀明詩者，藉以鑒觀得失可矣。王漁洋作《論詩三十五絶句》，而其間論明詩者至十四首之多，以「藐姑神人」推何大復，又謂「何李並登壇」，是則徒啓學者貌古之弊，豈大家立言之所宜出乎？吾故謂漁洋所謂神韻者，即李、何所謂格調耳。乃漁洋詩品超出前賢，此則自成雅音，爲我國朝和聲鳴盛之始，實亦造化啓其淑氣，遊於中天景慶之光，而自然發舒不覺也。其少時師友，固不免仍沿明人之餘習，或可無庸責備也歟。

蘇齋筆記卷第十一

詩

言詩，於今日必推王漁洋，爲後學津逮所資矣。乃近今有薄視漁洋者，其説有二。一則嗜博者，視漁洋若專用力於詩，專趨樂府諸集，而未嘗博綜古今也。不知漁洋文集，諸種所論次之書，可開具卷目者，嘗析核之，已有五百餘種，並非專以攻治五七言詩爲平生職志者。雖考訂之疏，或時有之，而於詩無害也。一則嗜奇者，薄視漁洋若過渾泛，而未能刻畫極其情事才思者。此則漁洋甫承明季諸家，派别不一，其騁才者，縱恣奔放，其騁辭者，藻麗絢縟，方欲歸於雅正之音，而籠罩群雅，有待於善學者研深之耳。漁洋僅舉其雅音之概，而未能極於發洩也。至於變李何所謂格調而獨舉神韻，於盛唐詩家不曰力追其渾雄博大，而曰三昧。則於數百年來，由元暨明，承接唐宋之脉，實能透徹其所以然，非空恃妙悟以逞虚掉者。學者知此義，然後可以上下古今，博綜諸家諸體。故曰言詩，於今日必以漁洋爲津逮所資者。正謂括此意可以博極群書，此與杜陵云「讀破萬卷，下筆如神」，其義一也。

惟其須知漁洋於詩教總匯衆流，獨歸雅正矣，而乃不得不析言其失。其失何也？曰不切也。詩必切人、切時、切地，然後性情出焉，事境合焉。漁洋之詩，所以未能饜愜於人心者，實在於此。其爲少詹事時，奉命祭告南海，出都日，留别同志曰：「匹馬自此去，孤懷誰與論。」趙秋谷曰：「此是下第舉子出都之詩耳，豈復似少詹事奉使者哉？」此則漁洋將何辭以解乎？漁洋集有《冒辟疆水繪園修禊》十首，衆所稱也。一日有友讀此詩，議其不工。予聞而竦然，意此友必知者。及叩其所以不工，則曰：「此題須切，如臯冒氏之園，不可與他處景事相似，乃工耳。」予笑曰：「君誤矣。漁洋篇篇皆然，何嘗有某一詩切其人其地，而獨議此爲不工耶？」蓋漁洋通集之詩，皆若摹範唐人題境爲之者耳，如趙秋谷所舉即其類也。於前人中不甚服漁洋者，得一趙秋谷，於近日言詩最不許漁洋者，又得一胡稚威，皆歷指其通套不切處以爲口實。雖阿好漁洋者，無以難之。然吾則謂趙秋谷、胡稚威之詩具在也，請即隨舉秋谷某篇可以勝漁洋者，稚威某篇可以勝漁洋者乎？而竟無一篇能與争勝者，所謂及之而後知，履之而後難也。

漁洋之詩，大局是右丞之裔，非太白、少陵之裔也，然而體段、格力無不具者。當時衆論以李、杜、韓、蘇相許，漁洋自謂則曰：「放翁、遺山，間或庶幾耳。」然以今平心論之，即放翁、遺山亦豈易幾哉？漁洋所以自命神韻者，前人只管講格調，愈講格調，愈不成格調。而先生以神韻括之，穆然遠矣。前人詩自然合音節者，初不必講音節，而先生獨以音節拍合之，又釐然愜當矣。究其於太白，不必似也，於少陵，不必似也。然而詩教上溯孔門，自必以杜爲堂室所由，而先生之論杜則皆中其節。唐宋學杜者，若李義山與杜不甚似，於漁洋却若微近。黄山谷與杜不甚似，於漁洋亦更不甚似，而先生於山谷尤亟稱道之。宋元已下，若放翁，若遺山，雖與漁洋若相近，乃若虞道園，則與漁洋不相近，而先生於道園尤宗仰之。故曰漁洋得其正也。惟元之吴立夫，明之李獻吉、何大復，則不當推許耳。

嘗見漁洋致林吉人手札，説某家訾謷李、何，於予心有所未安。蓋漁洋竟不知李、何是僞詩也。又其手札有吉人之子正青旁注云：「先生晚年自取前、後集選定爲《精華録》，付先君手寫之。」此語當得其實，信知《精華録》是漁洋手自編定，托名於其門人盛、曹二君者耳。

詩教温柔敦厚，作忠教孝，必無專尚冲淡超詣之理。漁洋先生承明季諸派，甫閲前後七子，虚鋒漲墨，而公安、竟陵數輩，力欲懲其弊而其弊愈甚。於是造化文章之運，得際昌辰，開啓群雅，篤生斯人，倡爲雅正之音，自必變向時冒襲盛唐者之積滯。獨標神韻，拈取三昧，然後學者得問津於堂室也。然而古今論詩之作莫先於杜。杜則曰健筆縱横，不僅以清詞麗句也；

杜則曰掣鯨碧海，不徒以翡翠蘭苕也。所以唐詩至開元、天寶而極盛，宋詩至熙寧、元豐而極盛，不僅以冲淡超詣爲勝也。明詩固無足説。至我國朝，先有一漁洋倡雅正之音，則善學者必當以學問才力承之，然後經術淵源克副乎温柔敦厚之教，豈可又貌襲爲冲淡超詣，以爲學漁洋者哉？

詩與文雖分派，而經訓考訂實與詩同源也。漁洋詩，東吴惠定宇爲之注。惠氏則研審經學者也。如《焦山鼎》詩，惠氏注引《明堂位》「有虞氏之兩敦」，豈不知「敦」音「對」，而漁洋詩押入平聲，則是「敦厚」字矣。此尚可存稿而注之乎？焦山鼎特後人贋作，其篆不古。所謂世惠無專者，皆無稽之説，乃西樵、漁洋從而張大之。西樵詩專從嚴嵩發揮，固屬不必，而漁洋之詩純湊砌金文款識之語，若應酬、《事類賦》之體。此豈得爲佳篇而入于集乎？何不删去此等作，以存漁洋雅正之什？此非尊愛漁洋者所爲矣。惠以經學名家，尤所不可。

詩家固不能盡以訓詁考訂繩之。如杜詩以「伏勝」訛作「伏虔」，又若「三鱣」押入平韻之類是已。然唐時陸元朗《釋文》於音訓已多未詳審也。至若近日朱竹垞則兼擅考訂之學矣。或議其《風懷詩》不應押「嫦」字。此則《風懷》之篇本非雅音，隨手用之，轉不足怪。至其《硯》詩云「十稃彙開見八八」，此詠米芾「米」字也。此出《説文繫傳》，「米」字中間十，四旁四點上下分布，故云八八。然此象稃粒之形作四點散開，是形而非聲也，豈可讀爲七八之八乎？是則必不可以成句者，而學人之詩豈宜有此乎？

國朝詩家，漁洋、竹垞並峙藝林。竹垞學富，過於漁洋，而其詩乃入漁洋籠罩之中，不能掩也。竹垞早歲尚沿西泠之調，至康熙己未應博學宏詞科，至京師，竹垞詩至是年始多三平正調之七古。明是初識漁洋，故七言詩多入正調也。是年竹垞詩自編爲《騰笑集》。至其晚歲，則又多用雜言，諸體不盡然矣。

漁洋同時詩家輩出，有南施北宋之目。漁洋嘗品次施愚山五言爲摘句圖，然愚山七言古詩頗有音節未諧者。宋荔裳《棧道平歌》最著稱，餘亦不盡然也。汪堯峰詩、古文皆卓然自命，其詩亦未能與王、朱二家相次比。康熙己未，鈍翁應博學宏詞科入都。漁洋以詩招飲，曰：「名山書未就，副已滿京都。天子憐名士，群公愛腐儒。拋殘青箬笠，染却白髭鬚。凍殺常彝甫，來傾酒百壺。」鈍翁得詩，意頗不平，作四絶句答之，有曰：「詩翁但戀金門直，曾見漁洋樹色無。」此譏漁洋自號山人也。又曰：「太史錯占天上象，歲星元是少微星。」又曰：「從此不稱前進士，故人親授隱君銜。」又有「老乏染鬚方」之句，亦爲此作也。蓋己未詞科，諸名士入詞館時，漁洋先已官侍讀矣。及其後，宋牧仲官江南巡撫，漁洋官大司寇，其詩乃曰：「尚書北闕霜侵鬢，開府江南雪滿頭。當日朱顏兩年少，王揚州與宋黄州。」則其時又有以漁洋、牧仲二家詩合刻者，然究未若漁洋、竹垞並稱，詩之工力相敵也。查悔餘於竹垞爲中表兄弟，而漁洋官祭酒時，初白甫以諸生鼓篋橋門。初白《敬業堂詩集》前有漁洋序，而漁洋文集却無之，何也？漁洋、竹垞二家之次，以詩格論，自應推初白耳。

就此三家言詩，竹垞每不喜黄詩，謂其太生，而漁洋獨推服山谷。然漁洋又謂山谷不當配食杜陵，則亦未然也。漁洋最戒人看白詩，又謂東坡七律不可學，而初白則深得力於白、蘇。漁洋、竹垞二家詩皆脱化樂府，而初白無一篇仿樂府體，此其所異也。正要善學者參質之。

漁洋自謂平生與人論詩，得髓者惟吴天章耳。然蓮洋雖若軒軒超舉，而肌理未密，醖釀未深也。漁洋又推李丹壑詩，有與君代興之目，益難言之矣。

非敢品次前輩諸家也，第以後學從事於斯，所資以問津者，則惟漁洋。體段音節，實近雅正，是爲究心風雅之正路，非以衆所盛推隨聲贊歎也。次則無若竹垞、初白，備衆長，兼諸體，實詩教之通途也。若施愚山、湯西厓，氣格雖亦近雅，而諸體或未盡該備。汪鈍翁亦肆力於古文，而究未能諸體皆暢發也。若謂不求備於大篇之精華發洩，但以造詣所至，叩作者之源委，則近日厲樊榭或庶幾乎。

予在粤東著《石洲詩話》，今始以其草寄粤刻之。番禺舉人張維屏書來云：「先生此編作於藥洲之上，何不論次粤人詩乎？」予笑而未應也。蓋詩不當以方隅分派目之耳。曩時在粤，得欽州馮生敏昌，詩筆頗清拔，足以自立。其後馮生官翰林，名重一時，而其詩卒未成就，正坐此方隅之見未化也。記在粤東見一老儒生，持其家藏片楮來質，云是陳元孝後人。其詩曰：「蕭瑟北林聲，雲如萬馬行。坐中高閣雨，天外數峰晴。向浦帆光濕，依人燕羽輕。羅浮開一半，凄惻未歸情。」此詩未知入刻本否？

江文通云：「關西鄴下，既已罕同；河外江南，頗爲異法。」然則詩之流别固有與所處之地相因者，或以師友淵源，唱酬類應，其勢然也。漁洋之詩，不獨山左諸名士踵而和之，即近日江南名家如沈歸愚、王載揚以及吴下七子之倫，皆服膺漁洋者也。山左諸家，宋荔裳雖有盛名，若田山薑、王秋史亦皆未能出漁洋範冶耳。後來如宋蒙泉、董曲江輩，沿其流而已。浙派之目，蓋以才力藻思見奇，却不盡師竹垞、初白二家。且如金壽門、厲樊榭，皆初白同時，而其畦徑亦略殊。樊榭精宋賢之詣，固應不讓前賢。若萬柘坡，汪厚石、桐石兄弟，以及錢蘀石，皆自闢門庭，亦非可盡以浙派界别之矣。《山左詩鈔》、《梅會詩選》、《吴風》、《宛雅》、《松陵詩徵》之類，皆各就地彙編。惟西江詩，近日始有彙刻。而江西詩，性靈筆力，自成格韻，非猶夫宋之西江派專效山谷、後山體者矣。蓋以性情筆力自成格韻者，初不外於古人，而非古人繩削之所能限制。如近日蔣心畬、黄仲則，又不能盡以方隅目之。北地如李鐵君及燕山十子，以精鍊取節制，又不盡以燕趙感慨悲歌之氣一概論之。人文日盛，名家輩出，則詩、古文皆歸於實學。考訂書卷，充養是其要義耳。

詩有六義，風、雅、頌各自爲體，固已。若以今學者爲詩，則約而言之，其義三焉。一曰言志，此詩之本旨也。後世爲詩者，則以詠懷感寓之類屬之，其贈答之什亦屬之，是皆言志之屬也。二曰賦，賦其事者，有即境叙次之屬，有指陳辨説之屬，有詠史題古迹之屬，是皆賦之屬也。三曰比興。比興本借物以寓言，後世作詩，則登臨即景之作以及詠物之作，皆比興之屬矣。是三者其原要自一事，而其用日廣，於是才力之富儉，寄托之淺深遠近，萬有不同矣。要之，詩以篇章爲斷。其僅取諸一聯一句之工者，雖不害其爲可傳，而此事之本末在所當早辨耳。

人之性情無古今一也，至於賦事寫景，則有日出不窮者，有百變不一者。若以本性求情，作忠教孝，亦必緣所賦之事、所即之境以達之。是故千葩萬葉皆可以尋其根，千塗萬轍胥所以適於道也。不揆其本，則末將焉附？不究其末，則本亦不能孑然獨立。斯則華實相需，意言互發，非可盡以心聲天籟，藉口於詩有别才非關學矣。

體格、家數、音節，三者亦交相爲用也。如五言古詩，以阮嗣宗《詠懷》、陳伯玉《感寓》諸篇爲效古之作，此則與七言歌謠之類皆謂之古風。其不知者，以七言古詩皆目爲古風，則誤矣。如七言絶句，即唐人樂府也，故同一七言四句，有《竹枝詞》，有《楊柳枝詞》，有《橘枝詞》，有《宫詞》，有《陽關曲》。若概以七言絶句目爲《竹枝》、《楊柳枝》，其可乎？七言古詩，杜韓以下，對句多用末三平者，此爲七言古詩之正調。若作初唐四子之七古，則有諧平仄似律之句，此皆有一定之節奏。所以音節必從家數定之，體格亦必從家數定之。此中亦實有隨題立制、所以各適其宜者，不可以大布之衣忽湊補以綾帛者也。

四言詩中有間用三、五、六言者，《三百篇》皆然。七言古詩有間用五言，間用九字以外長句者，則視其節拍爲之。獨五言爲雅正之音，從無或多或少者。如杜少陵《杜鵑》詩連用四句同韻，如韓文公《南山》詩疊用「或」字數十句，此皆古之偶變者。六言雖前人集中間亦有之，若九言成篇，究太引長，不作可也。

所謂天籟者，全於音節具之。就其最顯者言之，則平仄是也。凡爲詩，孰不知有平仄，然而其理微矣。乍讀古人五七言古詩，壹似不拘平仄者，豈知句中之乘承轉掉皆係乎平仄也。仰且一篇中前句、後句之翕應、提唱、縱收，皆係乎平仄也。蓋自唐孔祭酒《禮記》已言平聲爲發語之本，《禮記·王制》「同律」，鄭注：「同陰律也。」《疏》：「所以先言『同陰律』者，以同爲平聲。平爲發語之本，今古悉然。」古無四聲，而孔疏於《王制》鄭注已如此疏之，足知天籟之源有自來也。所以七言古詩其每開句之一二字，大率多以平聲字唱起。雖亦有不盡同，則或其音節偶變應爾，其實以平聲唱起爲多也。所以七言古詩每一聯對句之末三字，亦皆多用平聲。則其氣舒和諧暢，不使仄韻之字雜於此三字中，其發乃響。或有換用仄者，亦止換其中間第六字作平仄平也。甚或有五六字皆換用仄，則或五用去六用上、五用上去六用入。如此抽換以調劑之，然亦不甚多見。大約總以七言對句末三字皆平爲正調也。惟其勢不能句句如此，致似連槌之鼓節，則亦偶以五六如上所云者攙換之。此其大較也。五言對句之末三字亦然。

不但古詩音節也，律詩音節亦宜細講。俗説不論一三五者，固非矣。即細講一三等處，而其正變不同，其翕應不同。二四六之關紐，全在一三五爲之節拍。此非必板立呆法者，總視其上下篇章、上下句字之節奏而定之，所謂一片宮商是也。雖拗律亦然。拗體者，乃其勢處於不得不然，則變而不失其正也。斷無有心立異以爲拗體者也。

詩有第一句先有韻者，《周南·關雎》、《小雅·鹿鳴》之類是也。有隔句始見韻者，《召南·鵲巢》、《大雅·文王》之類是也。後人古詩、律詩皆然。古詩既第一句先有韻矣，而其篇中又或有重加提唱插入一句有韻者，則亦猶夫篇首第一句提唱有韻之義，無二理也。其古詩或篇中或篇末賡疊插韻者，則亦視其篇勢爲之。《鴟鴞》之首章末句疊出一韻，其後二章則句句有韻。此即足以該後世古詩插疊用韻之理矣。惟是古詩每提唱插疊一句之韻，不必同在一部中，亦仍其篇内用韻相通之理耳。至於律詩開首一句之韻，唐人若義山「錦幃初卷衛夫人」之不用同部字，特其偶然。律與古究當有别，後人勿效之可也。至若小杜「控壓平江十萬家」，作歌韻之起句，則太離經矣。此則後人歌、麻混用之濫觴，豈可訓乎？

今之用韻，上、下平各十五部，上二十九，去三十，入十七，此百有七。部之獨用、通用，則必宜確守者。斷不可如蘇黄諸家，視入聲爲可以隨手混用者也。即謂古詩可以通用，且就入聲言之。屋、沃、覺三部，質、物、月、曷、黠、屑六部，陌、錫、職三部，緝、合、葉、洽四部，凡此可以通用者，已有四類，不爲不寬矣。惟十藥一部獨用，則入聲韻部有此五類矣。豈尚嫌其窄，不適於用乎？而蘇黄諸家概不省顧，如質與職豈可通、覺與藥豈可通乎？惟杜少陵以屋與職通用，讀者見屋與職似不在通用之例，因而他韻亦皆混用，以爲杜公尚且以屋與職通，則他韻何不可通者？孰知詩之用韻，必以杜韓爲準則。杜詩屋、職通用，乃自經典以來早已如此，凡注杜詩者皆不知講明此義。愚之讀杜，則專系《屋職通用考》一卷於後。歷徵《三百篇》、周漢古籍，實皆以屋與職通用，然後知杜詩之有本也，然後知他韻之必不可混言通用也。然蘇黄用韻之弊止於如此而已。至於明朝人，乃將平聲諸韻亦混用之，至如真、文與庚、青混用，魚、虞與歌、麻混用，則詩竟不依韻矣。吴梅邨詩即是如此。此則宜懸諸戒律者也。

用韻以杜韓爲定法。凡古詩遇寬韻則通用之，遇窄韻則只就本部用之。如杜之《石壕吏》四句内通用真、元、寒三韻，此則句少韻寬而反通用也。如韓之《贈張徹》押青部至五十韻，此則篇長韻窄而不肯通用也。以此類推，可爲作古詩之法。

古詩通韻之外又有叶韻者，此則必前人所曾叶用而後叶之。今有《欽定叶韻彙輯》，宜恪守也。叶韻非通韻之比，尤宜慎之。

詩有同用韻者，謂同在一部之中。有同用某字韻者，皆用此字而及其通部。至於次韻，則古人所無，至宋之蘇黄而次韻漸多。且有自疊其韻至一韻數疊者，此皆極才思之發越。然而以疊生新，以難見巧，究非正也。謂之備體則可矣，必以此爲師，則逐末而遠馳者也。元遺山論坡公詩「奇外無奇更出奇」，正指次韻太多耳。

詩言志，經訓也。至於後人作詩，詩之流别日廣，家數體格日益繁密，則言志之訓仍歸於讀書以養其源，禔躬以植其本，然後興、觀、群、怨之旨不差焉。涉世，則作忠教孝，裨益風化；贈答，則擇交慎言，有關勸懲。此爲言志之正路也。若感寓詠懷之作，晋魏六朝以下，正須善擇，非可以遽擬楚騷一淮侘傺，僅以悲凉諷切爲言志，則失其本矣。歐陽必謂窮而益工，漁洋又目學杜韓以下爲變雅，則吾不敢信。

有歐陽子窮而益工之説，於是界别有應制、臺閣之體，實則《三百篇》風、雅、頌與興、賦、比均之爲六義也。即以抒寫性靈，發於天籟，豈有人之性情專以感慨激楚爲本者耶？其狃於窮而益工之説者，如之何勿思？

窮而益工之説贊梅聖俞，本自無害，特言詩者不可執爲定論耳。且如嚴滄浪謂詩有别才非關學也，何嘗不是？但後人泥執此語，遂空以性靈談詩，其流爲陳白沙、莊定山之徒矣。乃若漁洋竟拈妙悟以言詩，豈不亦開學者束書不讀之弊乎？杜少陵則曰「法自儒家有」，曰「讀書破萬卷」。所以爲學第一不可畔程朱，然却非執理語以爲詩也。次則最不可薄視考訂之學，然却又非逞博辨以爲詩也。

遇一事而見性情焉，賦一物而見性情焉，所以爲言志也。若其僅僅曉起夜坐自説自道之語，古今詩人盈千累萬之積幓，雖工何益，况不工乎？

山川草木之變態，圖書載籍之奇賞，宣洩不盡，而千枝萬葉皆見根原，所以千塗萬轍皆適正路，此爲學人之詩也。若夫才人之詩，第騁奇於句調字勢，則自李長吉、楊廉夫之徒啓之。長吉、廉夫皆非無本也，奈後人以無本之學學之，則其弊將不可勝詰矣。長吉雖非無本之詩，然杜牧之序尚欲加之以理。

詩題，唐人最謹嚴。然後人所處所寓見於詩題，必有不能盡如唐人詩題之體段者。題下序與詩内注，皆以謹嚴潔净爲主。

又如古人稱謂、交遊稱謂，不能悉皆畫一，而又不可泛濫無紀。古人有謚者，自宜稱其謚，亦有極小之題，可勿庸必稱謚者。交遊自宜稱字，或系以某官則或前詳後略，非有定式，而必有定理。

一題數首以及數十首，開闔頓挫，穿插排蕩，重山複嶺。若七言古詩寫真境者，即各起題目，連次多篇，愈妙也。五言古、律，七言律、絶，即同一題而疊起多篇，亦愈妙也。惟五七律，如「何處難忘酒」之類，如「八景」之類，演至多篇，斯可以不作耳。且如《五禽言》、《五雜組》、《薄薄酒》之類，似亦可無作。

詩所以分别雅鄭，所以分别正體僞體者何？在乎言者心之聲，聲者誰之聲歟？文以意爲主，意者誰之意歟？持身立品，因時切地，全恃乎詩中有我而已，未有不真而可云詩者也。上而敷陳雅頌，遠而詠史論古，邇之人倫贈處，大之山川境域，細之一名一物、一卉木蟲魚，每有托興，必切此身所處分際，乃所謂不苟爲炳烺也。即如一賀祝之椵詞，必其中有關贈言之真誼，乃謂之言有物也。不然，則幕客拜緘之套子耳，何取於詩乎？又如題行看子，不可僅就其景寫之，必以其中之人爲主。若不切彼我之親疏情事，而徒知寫景，則作者先自不能立脚，而尚何詩之足云乎？且吾出一言，而胸次品地寓焉，程途福澤關焉。言必由衷，此事豈可以强爲哉？

惟知詩是真境，則其徒事口脂面藥以爲塗飾者，非詩也。其掇拾奇字僻事以爲新異者，亦非詩也。抑其有意爲壯浪放膽，有意摹仿鯨呿鼇擲者，亦非詩也。豈特此哉？抑其專恃性靈，流爲擊壤打油，以爲老嫗皆知者，亦未盡是也。抑其專恃空音興象，淡泞遠韻，以爲不著一字者，恐亦未盡然耳。

其遠溯祖始之理，則熟讀《三百篇》。其正路萬派歸原之處，則熟講杜詩。

聯句之體，佇興而就，一時對几神來，亦可存也。否則聯詠多韻偶，皆一時紀勝，不必盡載集中，以免客氣。

蘇齋筆記卷第十二

詩

賦者，古詩之流也，而詞亦稱詩餘。然賦本六義之一，後之爲賦者，有古賦，有律賦，有小賦，其體日廣，其格制亦愈加工麗矣。詞則詩家間一爲之，或以附於集後，弗專務焉可也。詞又演而爲曲，或亦以樂府名之。雖才人之極致，亦多可傳。然此則漸流於鄭聲矣，又豈可爲專業之肄乎？然而放鄭且先由詩始，如詩中之楊廉夫尚未免於滋議，故言不可不慎。

詩話之作，猶夫《韓詩外傳》之遺也。如《唐詩紀事》、《本事詩》諸編，亦何嘗無關於風雅，顧所擇何如耳。宋胡仔《苕溪叢話》之類，則系乎品詩者爲多。朱竹垞鈔明朝一代之詩，凡評述皆寓諸詩話，抑又非盡以品詩概之者。此中亦有雅鄭之分焉，似不得以説部例之。

聖人言禮樂必返諸本始，則文章豈有不返本者乎？班孟堅言賦者古詩之流，是即賦家崇本之言。詩則根本於《三百篇》，賦則原於楚騷。詩有高古渾樸之詩，賦亦有古賦。即唐宋以後之賦，有直用散文體爲賦者，亦仍古賦之遺意也。駢體四六之文，以摛藻爲工，亦自有高古之四六，則駢體之氣味神骨何減於單行哉？獨有詞曲，無論長調小令，從未有以高古氣味言詞者，是故君子可勿務焉。

詞家豈惟不尚高古氣味，乃至辛蘇之詞，詞家反以爲非正也。蓋詞家必以柔曼妍靡是爲詞之正體耳。乃若詩，則雖其嗜爲綺麗者，亦必以典則爲貴。坡公詩非專言高古也，而其斥西崑體曰「故知前輩宗徐庾，數首風流似玉臺」。此譏之之辭也。端由詩以雅正爲務，故君子辨之。

詩至於六朝之徐庾、唐之温李，説者每若薄視之者。然而庾子山之《哀江南賦》關於治亂風會，即以李義山《無題》諸作，説者亦必原其比興所自，則亦仍系乎返本矣。杜云：「庾信文章老更成，凌雲健筆意縱横。」此豈僅以《玉臺》諸體目之者乎？是以詩與詞不同，學者當知所自立耳。

豈惟詞哉，即以賦言，亦有勸百而諷一之説。然而詩人之賦麗以則，麗究必衷以則也。四六駢體若專以工麗爲之，然亦有其事其境必以工麗爲能事者，則工麗亦即其正矩也。如制誥之褒錫，如典禮之頌揚，如慶賀之書啓，如器物之贈述，駢辭隸事，以爲切實，自是文之正也。

惟有一事不宜用四六駢體，則碑文傳誌敘一事，而必借古事述之，何如直敘其事之爲明白乎？陸放翁詠王簡栖撰《頭陀寺碑》云「文浮未可敵江山」，吾嘗謂放翁此語惜不令作駢體碑誌者聞之。

如人見賓客，若未曾接談之尊客，自不得不先繁文致禮，如乍見之生客，自必亦有揖遜寒温之數句。聖門固有聘辭之録，見服氏《左傳疏》。原非以虚文可盡廢也。惟是其中則必有所爲之事實，所以文質相資爲用也。若以文必戒浮，則豈惟王簡栖《頭陀寺碑》謂之「文浮」，就近日言之，其莫若王漁洋《焦山鼎》詩爲文浮歟。

《兩都賦》首言「賦者古詩之流」，若應賦次於詩。而昭明《選》古詩乃在賦後，則可見所云「古詩之流者」以《三百篇》言之，非以漢魏以下之作言矣。雖風雅之道一脉相承，而原委判焉爾。

四六駢體尚有神骨似單行者，宋人多用成語爲屬對，亦風尚使然。然而王伯厚《困學紀聞》所舉多此類，亦不得盡以詞科之習目之。惟詞學，上之究不能比於詩，下之則漸播爲曲。夫人寄托感諷，亦何至爲臨川之四夢、笠翁之十種哉？

八比時文，言聖賢之言，若在序記論説上矣。而其體究屬應舉之作，不得不次於古文言之。若試帖之詩，應制莊敬，若在雅頌之列，而究屬試席之作。則編集者偶因事境録一二，或不傷也，竟以試帖編入詩集成卷，則非也。唐試律末句多用祈請語，尤爲傷雅，今則末句用頌揚，較爲得之。

言者，心之聲也。至於詩賦之類，句必押韻，則心聲之更以聲傳者矣。雖五方之音不盡同，而類以韻部，則無不同者，亦猶夫書同文之義也。獨至詞曲，乃有用一隅之俗音別爲詞曲韻者，即此一端知詞學之未可與適道矣。若箴銘贊頌之屬，與詩賦體雖各出，而用韻豈離於正乎？

文與詩一理，大約且勿萌好奇之見。古人詩文固有以奇見長者，此或其題事題境，不能以常語盡之。不得已而出以奇思，運以奇藻，特偶然耳。韓文公謂「怪怪奇奇」者，古大家自命軼倫絶群，非所以律人也。若《莊》、《列》自成一家之言，又不得盡以經術之文繩之。若屈子《天問》，又焉得以常格概之乎？惟是庸常之理、庸常之辭，難以取勝於人，遂致啓不揣本而徒逐末之弊矣。是以爲學先務講求義理，見吾心之無欺，欲吾言之無飾，夫然後藻不妄、抒不苟，爲炳炳烺烺乎。

文有效古之作，亦自成一格，如書家之臨帖也。此亦筆趣所至，動與古會，不期肖而自肖，故無摹擬之粗迹也。又如某題之作敩某家體，古人亦時有之，但不可如李獻吉之學杜耳。

文以意爲主，而藻采襯托亦有必不可無者，不特賦與四六也。詩亦有以藻采襯托而得見者。若王漁洋作《焦山鼎》詩，全篇皆借金石語料以烘染之。乃轉欲删謝詩「廣平」「茂陵」一聯，删杜詩「相如」「子雲」一聯，則失之矣。

昔人有摘今之貌古者二焉。一曰减字，一曰换字。此最中其病。减字者，蓋不思文之古與不古，初不在乎繁簡，此誠徒見膚末之弊矣。换字者，同一義而换以生新之字以爲貌古，此必致啓「篠驂」、「宵寐匪禎」之可笑也。所以韓文公云「文從字順各識職」，此却爲樊紹述言之，觀者可以省矣。

無可换之字，則寫古字以爲見異於人。然却亦不能逐字皆作古體，於是一簡之中今古雜出，則曰改其最俗者以從古也。文以六書，必依《説文》，而《説文》之字不盡施用於今日詩文，今日詩文又多出《説文》之外，將如何以處之？吕東萊《讀詩記》，宋槧皆用古字，後來重刻則一律用今字，無害也。近日陳長發《毛詩稽古編》多用古字，又每注於本字之下云「俗作某」，其實皆可無庸也。吾友錢竹汀自寫其文，每遇「認」字必書作「仞」。此用《漢書·儒林傳》「喜不肯仞」也。其實，凡「認識」之「認」，未必皆可改從「仞」。一日，偶與客展查初白詩「青旗錯認美人家」之句，愚笑曰：「此句若書作『仞』豈可乎？」《毛詩稽古編》處處用古字，而「認」却作言旁。此等復古之事，可一笑罷之耳。

凡爲文生新，不出一翻字，其道有二。有反而翻之者，有演而翻之者。反而翻之，是謂翻案；演而翻之，是爲申繹。皆其理事之所必趨。出於意表，而仍愜於意中者，乃善反而翻之也。千變萬狀，如剥蕉心，而愈説愈不厭者，乃善演而翻之也。故作搜奇，按之欲少味者，則皆不善翻者也。若無此二字者，則天下無文矣。由此二者，日出以相炫，而不知所歸，則惑矣。

大抵文之萬變，曰舒，曰斂。蓋有縱筆焉，波瀾變化是也；有節制焉，峰巒肯綮是也。兼斯二者，而文成焉，而法立焉。自古文今文、古詩今體，以訖雜著，性情之事、學問之事、藻麗之事，胥視諸此。

凡涉筆皆計功過，雖錙銖之益，不可謂非益也。雖錙銖之損，不可謂非損也。其大者有關邪正，有關勸懲，即如隨事考訂，審是而去非，未可謂無益也。若其妄滋議論，或嗜異啓弊，皆損也。是以學者先平心以養源，不得已而後言，則其言立矣。所謂不得已者，非迫苦不得已之謂，正謂其理其事，非如此剖説不能明白，斯爲不得已而作耳。大約「不作無益」四字，讀書行事，出話修辭，諸大端之總括箴銘也。

豈必時時處處作之箴銘哉？凡下筆皆作箴銘觀之，尋常一動一止，屋漏皆天也，刻刻有神明鑒臨之。凡下筆作如是觀，何有不知妄作者乎？

如撰一序記、寫一書札，必有其時其境應説之事。此即擇言而出之理，不特題跋不可空贊而已也。應説之條，有涉於公共套言，則擇其尤切者説之，故曰辭尚體要。

行文多用古字，偶一爲之，或於題古器物、古竹簡之類，以博古趣，非必事事皆用此成之也。《周禮》有古字者，原是山巖屋壁故書如此，又經杜子春、先後鄭氏引申而通釋之。《漢書》古字，則其時篆初變隸，亦其本據之文如此。然洪文惠撰《隸釋》，力辨蔡中郎未嘗一字好奇，而洪氏之《續急就》已不免好奇矣。今之學者詩文多以寫古字爲見長，其實文之工拙不系乎此。

蘇齋筆記卷第十三

篆

岐陽石鼓，自唐初吏部侍郎蘇勖已有周宣王之説，不始於韓《歌》也。周宣王時史籀所作，此説不知始於何時。《左傳》：「成有岐陽之蒐。」《國語》：「叔向曰：『成王大會諸侯，於岐陽合畋獵朝會。』」二事炳在經傳，則此鼓在成王時無疑。若謂篆出史籀，史籀作大篆。大篆在漢已亡，今惟許氏《説文》載「籀書作某」。嘗以石鼓之字檢《説文》所載籀書，無一合者，則籀傳即石鼓之説，又無可憑。不過因《小雅・車攻》篇是宣王時詩，與石鼓首句相似耳。則安知非宣王時作《車攻》詩者，規仿石鼓之句法乎？《左傳》、《國語》可憑，即定爲周成王時可也。詳具愚《石鼓考》。

王右軍見岐陽石鼓之篆，而書法益進。此黄山谷所云，未知出於何書。以其篆法之妙，理應如此。而韓顧以「俗書」、「姿媚」相形而蔑視之，何也？此蓋文章家所謂尊題之法，欲以顯石鼓之篆耳，未可援此爲昌黎品書語也。

周穆王壇山之篆載在《越州石氏帖》，周彝器亦載《汝帖》，不特《淳化閣帖》首卷自古篆始也。然而三代以上刻文，大都出於傳摹，非石鼓比矣。

鐘鼎彝器諸款識，就後世所摹傳，亦自有古質可寶者。薛尚功所摹款識法帖富矣，然所載石鼓之字已多失其真。近日鑒藏家就所見古器款識裝册者，亦各有足傳之迹，未可概以傳摹忽之。惟是其中有日久傳摹致舛失者，則不可妄贊。如焦山鼎内無或作，世皆訛舛不成字，而漁洋、竹垞諸前輩不考篆勢，而誤信之。竹垞撰《石鼓考》，誤信薛尚功所摹，非石鼓定本也。

三代法物惟有岐陽石鼓古今第一，金石文之至寶。其妄謂宇文周者，皆無稽之談也。此後則惟秦篆耳。大抵篆至漢時，史籀《大篆》之篇既亡，漢時俗學漸有鄉壁虚造者，許祭酒不得已而作《説文解字》。其所謂古作某者，古文篆也；所謂籀作某者，史籀大篆也；所謂篆作某者，秦篆也；許氏本書之篆，則小篆也。分别部居，遂爲後來書學之祖。

許氏書所無之字，則用隸寫之可也。若湊合偏傍爲篆，以補許所無者，則不可。

篆書非僅以瘦爲主也。近日金壇王篛林論篆書用筆須如蠶吐絲，謂篆貴瘦也。古篆如刀幣之文，尚矣。後人摹印有鐵線一種，即其遺意。薛尚功《鐘鼎款識》，谷口銅甬，在漢器中展放矣，而實用古刀幣之法。此在篆學固亦不可不知。然必以瘦爲定式，則未也。嘗以周秦篆石本考之，以今尺度之，石鼓畫寬一分，秦琅邪臺篆文畫寬一分二三釐。許其之罘篆，尚有數字在《汝帖》，雖重摹，然非徐、鄭輩重書不可比。以前説度之，亦約寬一分五釐。是則字愈大，則畫因之加肥，彰彰明矣，必無專執瘦細爲式者也。杜陵評書貴瘦硬，特專對開元、天寶時習氣趨肥而言之耳。

石鼓篆勢古妙，至唐始著稱。晋王右軍稱石鼓，惟見於黄山谷集。此前則漢代隸書盛行，未聞稱石鼓者，豈秦李斯以後，篆學至漢罕傳耶？即許氏《説文》博採古籀而亦不及於石鼓，誠有不可解者。然實周時物無疑。其所以湮晦於漢時之故，則不可臆知也。然而李斯之後，直至後漢蔡邕、師宜官諸人始以隸著。漢代篆學竟無人也。所以漢碑篆額皆不及其隸書耳。

《説文》諸字，凡遇古籀皆作出尖。此固非必摹古文某篇、某器銘之篆樣，非必摹籀書某篇、某器銘之篆樣也。特以别於本書之篆，故特於畫末用尖以表出之耳。若後來王俅《嘯堂集古録》，凡古器銘字皆作出尖之畫，則非也。即如薛尚功《鐘鼎款識》所摹，同此器銘類耳，何嘗於畫末出尖哉？薛氏《款識》後來遞摹之本，或不盡足據，而王順伯所藏鐘鼎款識，則皆古器拓本真迹，何嘗有畫末出尖者乎？

隸書後出，或有增減筆勢小異處，篆則必依六書，不得以意增減分豪者也。故惟篆書用《説文》，信而有徵也。若古篆自《説文》所採外，餘皆不能盡據。如後人所輯《金石韻府》之類，所引諸書諸體，以及後人所著《印藪》、《印史》諸編，字體雜出。若偶值應用之處，或以博徵古意之資耳，非可遵爲典要也，不特啓嗜奇之弊。書以篆爲正矩，本不應以復古爲説。

經籍燼於暴秦，而繼周鼓者，惟有秦篆，亦可慨已。自李斯後，歷漢晋六朝，竟無以篆學自名家者。杜詩：「秦有李斯漢蔡邕，中間作者絶不聞。」蔡特是隸書，非篆也。至宋人始有鵝鼻山秦篆之詠，而會稽秦篆僅存申屠駉摹本耳。之罘秦篆，《汝帖》僅摹數字，其全本不可見。今秦篆存者，惟泰山、琅邪二石。泰山頂篆，劉跋之譜僅存，而其真本則惟碧霞元君廟壁間砌石廿九字而已。近日此石復燬于火，真拓存者已罕。琅邪篆今尚在，山石臨海，極難拓，其前「五大夫楊樛」一行已半泐矣。岱頂秦篆廿九字，乾隆五年六月燬于火。至嘉慶二十年甲戌，泰安知縣蔣因培於元君廟之玉女池廢址中，剔出殘石二片。其一片「斯臣去疾」四字，又一片「昧死臣請矣臣」六字，凡存十字，此岱頂秦篆殘刻之賸存者。

秦篆繹山碑，世所最傳。杜詩：「繹山之碑野火焚。」而其《登兖州城樓》詩云：「孤嶂秦碑在。」此或謂後人摹本歟？然鄭文寶刻石之前，不聞有某代摹本也。則豈杜子美少年初到兖州時，未嘗詳考，而云「秦碑在」耶？至今日，鄒縣繹山之石，其篆又在陝西碑林鄭文寶所摹刻之下矣。江寧府學尊經閣下，有至元癸巳李處巽摹勒繹山碑，近聞此石已燬於火。

篆學式微，蓋漢魏晋唐間邈不可稽。裴松之於《劉劭傳》注詳皆漢末能書人名，蓋皆隸書爾。漢隸至唐楷，凡碑有篆額者，竟皆非至工之作，直欲讓到李陽冰《顔氏家廟碑額》矣。且如碑隸書之最工妙，如《韓敕》、《乙瑛碑》，皆無額。《鄭固碑》，隸極工妙，而篆額亦非其至者。杜稱李潮小篆逼秦李斯，而唐碑無李潮之書。韓《歌》斥「羲之俗書」，而其贊石鼓云「字體不類隸與蝌」。此雖限於押韻，然亦豈必與蝌斗體與隸並稱，隸則去所謂俗書者不遠矣。蝌斗自與鳥蟲諸體並言也。杜所謂「快劍長戟」、韓所謂「快劍鐵索」等語，猶夫竇臮所云「虹紳結絡，瓊樹離披」之類者。昔米元章論書固謂此等比喻擬飾之詞無當於書學者也。

李陽冰在唐時以篆名家，當時有「倉頡後身」之目。《庶子泉銘》不可得見矣，今所存者，《庚公德政碑》雖金代重刻，實爲極工，在《城隍廟碑》、《三墳記》諸刻之上。《武昌怡亭銘》浸入江中，非冬日水涸，則不可拓，然尚非陽冰篆刻之最高者。「黄帝祠宇」，字又極大。《碧落碑》内却有摹入石鼓文數字，惜陽冰爾日未嘗重摹石鼓耳。鄭文寶稱徐楚金篆書，聞栖霞有徐篆數字，訪之未獲。

魏三體石經有篆書，不可得見矣。今所見惟宋嘉祐石經，一行篆，一行楷。此嘉祐石經，聞多没陷於黄河矣。就今所存《尚書·洪範》、《周禮·天官》《春官》數石，其篆不苟也。如《洪範》「明作哲」，「哲」从日不从口。《周禮·春官》「諸臣之所昨也」，「昨」鄭注是「酢」，此篆爲「醋」。其一行楷，亦極似虞書《廟堂碑》。乃去年又新出一塊《禮記·檀弓》，凡於字不音烏者，其篆亦皆作烏，此則謬矣。蓋嘉祐石經篆非一人所作，不盡是胡恢、楊南仲、章友直也。聞當日章友直應召至京師太學，諸生習篆書者欲窮詰之，往謁友直曰：「願聞篆法。」友直取二紙，一紙作横十九道、直十九道，界分方罫，其每横直之畫，粗細平直無一豪差者。又一紙作數十圓圈，其大小圓様，粗細轉彎，無分寸異者。諸太學生惟有下拜而已。篆法之不易言如此。

刻符與摹印各爲體，署書與殳書各爲體，則若鏡銘瓦當，亦必各自爲體。此在漢時，蓋尉律已無析目，何怪蕭子良之誤合耶？然而鳥蟲書既各爲體，則後來所謂韋續五十六體，又漸至不可勝原矣。鏡銘瓦當之類，附諸鐘鼎諸器銘之後可也。

秦蒙恬造筆，特其時其人之著記者，必非其前無筆也。虞廷作繪，已稱古人之象。不知唐虞已前稱古人者，又在何時有形模之遺也。蔡邕石經已稱書丹，漢代著於竹帛，其法無自而稽矣。即徐鉉作篆，所謂畫中一線墨影，亦可見篆非盡瘦細也，當亦用柔毛之豪爲之矣。今習篆者，或用燒香頭爲之，豈其然乎？

語云：篆增隸減，篆長隸扁。乃若篆將變隸之時，或尚略餘。篆之屈曲，或竟作隸之横直，則其方圓伸縮無定式也。漢器物銘固多有之。即漢碑已有未具左右波勢，而已變篆之圓曲者，固不得名爲篆，亦不得直目爲隸也。

隸

佐隸之書，徒隸之書，以别於篆書耳。隸則皆八分在内也，八分不可以該隸。隸，其統名也。八分則就其左右具波策者言之也。左右未具波策者，謂之古隸，亦謂之隸古。此篆勢之初變爲隸者也。左右出波者，謂之分隸，亦謂之八分。此則隸書即分書也。至於出波之後，横直分明，點畫分明，遂謂之隸楷。此則隸書至魏晋已下漸爲正楷，亦古今運會原委相承。本於篆，演於隸，終成於楷，祖禰子孫，分支演系，漸且爲行爲草者也。大小二篆生八分，或云減去篆之二分，存其八分。此説非也。若如此説減二分爲八分，則此分字既不作丈尺寸分之分解之。八分書非專以細隸至寸以内者言之，則斷非寸分之分也。則減幾分留幾分，乃是就全數剖而十之，豈非分字作稱分之分，是去聲乎？然而大小二篆生八分，分是平聲，分合之分，非分量、分位之分，又無疑也。所以如八分之分布，此是八分二字定説。徐氏《説文繫傳》詳之矣。

或辨隸與八分爲二事者，非也。隸者，統名也。對大小篆而言之，則古隸與八分皆謂之隸。對初變篆有横直無波法之古隸而言，則其左右出波策者謂之分隸。對分隸而言，則鍾繇一輩初變隸爲楷者，謂之楷隸。若謂八分即隸，又何不可乎？謂隸即八分，則八分不能該隸耳。

篆學久亡，所以至東漢時許祭酒不得不作《説文解字》之書。漢篆傳於石刻者，若嵩山少室闕銘，其僅存者。諸碑亦或多用隸題額，然漢篆之工者罕傳矣。至唐而碑之有篆額者，亦滋訛舛。所以李陽冰、二徐遂遥接籀、斯也。隸盛於漢，楷盛於唐，至宋元遂皆趨於行草耳。

《三國志・劉劭傳》注所載漢末能書人，蓋皆隸書也。師宜懸帳之奇，但聞其語，孰見其書。米元章自叙謂晚年學師宜官《劉寬碑》。其實劉寬碑不聞書人也，此米臆説，不足信。今漢碑存者，皆無撰書人名。其書碑人姓名可考者，自蔡邕石經外，莫古於山陽金鄉曜奴等七人《禮器碑》、樂陵朱登《衡方碑》、下辨仇靖《西狹頌》、仇紼《郙閣頌》、孫興《張遷碑》，此書人之載在本碑者。他若《百石卒史碑》稱鍾繇書，《夏承碑》稱蔡邕書，第見於後人所題耳。

歐陽子未見西漢人書，今可考者，惟曲阜孔廟戟門下五鳳二年石刻。自周岐陽石鼓而下，最古者惟此矣。半兩五銖泉文或更在前，然恐有傳摹，未若石刻之信。次則祝其卿上谷府卿墳壇刻字也。東漢之初最古者，鄐君開石門刻也。若建武泉范、建初慮俿銅尺，皆東漢器最古者矣。

《凡將》、《元尚》諸篇，今不可見。至洪文惠之《續急就》謂中郎石經未嘗一字好奇，乃洪氏所續之《滂喜》一章，就所注所採，則已不免於好奇耳。永叔答石守道謂書必有法，未知所言法者何等法也。洪氏於漢隸最稱首者，《何君閣道碑》。今雖未見，蓋大書也。就漢隸之傳於今者，隸家首稱《禮器碑》，若《百石卒史碑》，信爲工妙。後人據圖經題曰鍾太尉書，或駁之以爲時太遠。然或立碑之時，不必盡以制誥之日爲定。鍾書之説，出於圖經，安知非實乎？然此碑書格前半尚不及後半之妙，以鄙見上下度之，莫若《郎中鄭固碑》淳勁古質，足繼周鼓秦篆，爲漢隸最純正者。《禮器碑》之工妙，奄有諸碑之勝，宜其第一。然於結構，若有隨意伸縮，不能盡以繩度概之者，妙處亦正在此。以愚摸碑陰碑側，始得曜奴等七人所作一行。此從前金石著録所未言及者。唐世楷法，至褚河南始啓不拘繩尺之漸，豈知漢隸早有先之者。後世書家，其能事由米、董以上溯褚法，極變化矣。而漢碑先有《禮器》在焉，山川融結，雲水流行，無非法也，何嘗有定法可稽？然而爲後學言法，則愚意願以《鄭郎中碑》質之。

杭堇浦《石經考異》曰，張懷瓘《書斷》、黄伯思《東觀餘論》、晁公武《石經考異》，皆稱鴻都石經，非也。全謝山曰，《北魏書·江式表》謂蔡邕刻石太學，後開鴻都，諸方獻篆，無邕者。則鴻都固非太學，而又可見師宜官諸人之盡遜於邕也。邕以劾鴻都學生被譴，而謂石經出於鴻都，真大舛也。愚按漢石經所以誤稱鴻都者，張懷瓘書題云：「漢靈帝熹平年詔蔡邕作《聖皇篇》，篇成詣鴻都門，上時方修飾鴻都門。伯喈待詔門下，見役人以堊帚成字，心有悦焉，歸而爲飛白之書。漢末魏初，並以題署官閣，其體創法於八分，窮微於小篆。」又曰：「靈帝好書，徵天下工書於鴻都門，至數百人，八分稱師宜官爲最。」據此，則是因蔡書八分，故稱石經爲鴻都歟？然而八分變爲飛白，當時以題署宫閣，與蔡書石經何涉乎？若以蔡之分隸稱鴻都，則豈師宜官分隸亦可稱鴻都乎？系蔡隸於鴻都猶且不可，況不言蔡隸止言石經，而謂之鴻都可乎？韓《石鼓歌》「觀經鴻都尚闐咽」，直目石經爲鴻都矣。後世詞章不揣其本，動稱鴻都石經，此大誤也。

漢石經，熹平四年諸儒受詔正定五經文字，立石於太學講堂，世久無全石本矣。所以惟據史稱熹平石經也。《水經注》乃言光和六年石經。洪氏《隸釋》謂受詔在熹平，立石在光和。此特因《水經注》而意度之。當日自熹平四年刻，至光和六年始訖工，必其石本首尾著有訖工之歲月，今不可考矣。乃閻百詩因《水經注》有光和之語，遂謂杜詩「苦縣光和尚骨立」，光和指石經言。此則謬矣。杜詩言光和者，未知是光和某年石刻也。即以洪、趙所録漢隸，光和年立者非一碑，何以知其是光和六年石刻乎？况杜詩此句「苦縣光和」四字連文，豈有上一碑稱其地名，而下碑稱其年號？詩句内有此文理乎？注杜者或以爲二碑者，誤也。安得以光和指石經哉？

《鄭固碑》有用篆勢者，《禮器碑》亦有一二筆用篆勢者。然《禮器碑》又有一二筆開後人楷勢者，《魯峻碑》則有偶一筆開後人行草者。嘗以漢隸下匹唐楷，則《鄭固碑》，歐陽率更也；《禮器碑》、《百石卒史碑》、《圉令趙君碑》，褚河南也；《孔宙碑》，虞永興也；《魯峻碑》，顔平原也。

蔡中郎隸書石經熹平真本，唐時已僅有存者，用内府印記秘藏之矣。其書他碑不具於本碑者，未足傳信。大約中郎隸法《華岳碑》、《婁壽》、《劉熊》二碑，可略得其意耳。《夏承碑》，則别出芝英體矣。

衛恒作《四體書勢》，此已有意以筆法示後人矣。書契以來，至宋始彙鐫法帖，世乃有宋拓之説。其有高言唐拓者，蓋未可爲信耳。不知六朝以前，惟持紙墨，真迹存乎？豈漢世隸書諸碑無人知有氊蠟墨搨者乎？是誠不可考矣。至若寫爲編簡，則洪文惠《隸釋》雖以釋其文，而却未嘗不略仿其結體，但傳之板本，日益失真耳。洪文惠有《隸韻》之編，其書不果成。所謂子弟不能代替一筆者，想爾日作《隸韻》必就原碑各摹寫其形勢也。惟其如此，所以其功難就，訖於未果成。蓋洪文惠手編《隸韻》，期於廣搜精摹，其功未竟。而忽見劉俅《隸韻》，以爲所取未廣，其跋之云劉氏子者不甚滿之之詞。劉俅此刻前有淳熙二年進表，未有「御前應奉沈亨刊」一行。董文敏跋之爲宋高宗内府刻本，非也。此劉俅者，即陳思、陳起之流，是南宋書坊人刻此以便於學隸者查檢耳。婁機《漢隸字原》實用劉氏此刻爲藍本，而摹寫又加舛訛矣。劉刻是石本法帖，今揚州翻刻爲十卷之書，尚勝於汲古閣毛氏刻婁氏《字原》遠甚。近日顧南原作《隸辨》，却未嘗見劉氏此刻耳。

昔在南昌有山陰中鐵蟾兆定，以所藏古隸諸拓本，摹勒於郡庠之壁。予爲跋其後，於婁彦發《漢隸字原》頗致疑焉。蓋此書宋槧本久不見，世所行惟海虞毛氏汲古閣刻本，今其板尚存，而毛氏所梓之書未有謬於此者。毛氏蓋付一楷書手寫之，是以全與隸不合也。然予曩時亦第知毛刻之謬耳。今見南宋時淳熙二年劉俅所作《隸韻》，乃知婁氏此書竟是襲劉俅之書爲之。有劉俅所摹微誤，而加之更誤者。有劉本不誤，而婁本轉誤者。劉俅之書，特南宋時坊賈所爲，尚非洪氏《隸韻》、《隸續》之儕匹也。洪文惠集中有跋劉俅《隸韻》之文，稱曰劉氏子，蓋已不甚推許之。而婁彦發於隸學最爲著稱，其書前有洪景盧序，援文惠《隸韻》，歎其不得並時。然洪文惠《隸韻》之書，若使成帙，必勝此遠矣。劉俅之書，每字下注出某碑。即偶有訛處，亦使觀者得以檢正。而婁氏每字下僅注云一二等字數，其卷前别立碑目，觀者必不能逐條核其來處。其訛舛百出，竟使後人以爲漢隸果如此，則其害於隸學非細。顧南原作《隸辨》，亦嘗糾正一二，而未見劉俅之書，不知其舛誤之所由也。揚州秦翰林恩復新有摹刻劉俅《隸韻》，愚爲撰《考證》二卷以審定之，今亦梓於卷後。此書既出，則毛氏所刻《漢隸字原》即從此廢而不觀可也。

唐隸皆趨豐腴，故杜詩推蔡中郎分隸，蔡是肥隸也。亦因其時明皇分隸以豐腴勝也。《太山銘》是已就唐人隸體言之。張廷珪書《孔廟碑》，自當在蔡有鄰、梁昇卿諸家之上。歐、褚自以正楷名家，何必推其隸哉？歐陽隸書《房彦謙碑》，豈若《化度》、《九成》之工妙耶？即褚書《三龕記》用隸法爲之，亦不逮《孟法師碑》遠甚。吾最不服論者之陳義甚高爾。

蘇齋筆記卷第十四

楷

蓋自結繩易書契以來，至於今日，則言楷法爲正矣。唐虞三代，乂百官，察萬民，行之千有餘年，不知純用古篆否也。以今所見商周彝器銘皆古篆，則當日士人所習，民俗所通行，或未必悉與鍾鼎款識一律否。今無由考矣。若以後世所傳，掘地得科斗書，云是《考工記》之篇。又如後世得班固《漢書》稿本，尚非隸楷，則周秦已上竟是用篆以著竹帛，邈乎不可得聞也。楷書既作，因之遂生行草，而行草亦不可用於公私書籍，則楷之爲正，楷之爲則，其視周秦已前古所用者，自較爲明曉，可以通行永久，其視篆隸之功省倍，而能垂遠無疑也。楷至晋而臻其成，至唐而博其業，宋後或以行入楷者，目之爲行楷，以致專言楷者逐圓趨便，非楷之正也。故論楷法，斷以由唐溯晋爲正。

篆圓隸方。今楷書承隸，自必以方爲體。其沿宋元以後諸家，不甚精詣於楷，專以行草習爲流便，因謂楷宜圓者，非也。雖然，《蘭亭》，篆法也。即《化度》、《醴泉》亦皆圓神也，豈方板之謂乎？且即《廟堂碑》唐石本意度凝遠，何嘗如王彦超重刻之一意圓融耶？雖褚、薛格意漸近圓腴矣，而實皆方格也。唐文整綺，亦自漢魏六朝出。雖唐人經學之盛不及兩漢，而陸釋、孔疏尚與漢學相近，不似宋後之學一以講求義理，而蔑視古之詁訓者也。逮至八股既興，士皆束注疏不觀，而書家亦多疏於楷法，趨習行草矣。今當經術昌明，士皆漸知考訂古學，必當上追隸古作楷，以率更方正爲圭臬，庶可漸知晋人筆意。此亦學古者崇正黜浮之一端耳。

歐陽文忠謂書必有法，而薄鍾、王、虞、柳蓋不欲斥其遠祖而改言柳，其實柳尚未能並言。之書。然《説文》既是篆書，《字林》不傳於世，則學者豈有日抄寫《玉篇》、《廣韻》諸書以爲肄習書學者乎？魏晋已後，變隸爲楷，則右軍之《樂毅論》、《黄庭經》，其即楷之《凡將》、《急就》矣。如謂中有破體，則漢隸何嘗悉準六書，而徒薄視晋唐以下書家爲瀹茗看畫之末藝，而又未嘗明示以楷法當準何人之式，則是徒啓高談，究非實用耳。

隸變爲楷，則《力命表》其最可法矣。然而究是隸初變楷時也。今言楷法，莫先於唐人之言晋法。則褚遂良於中禁西堂手定右軍書品，一曰《樂毅論》，二曰《黄庭經》，三曰《東方畫像贊》也。若以後來摹勒法帖，則莫先於宋人之秘閣帖。秘閣帖，自《淳化秘閣》止有蕭子雲書

《列子》，而無二王楷書。至《元祐秘閣》，乃有右軍楷書，則《樂毅》、《黄庭》、《東方贊》也。據此論之，則楷法以《樂毅》、《黄庭》爲定矩無疑也。其後宋帖又無真本世行，石本千百臨摹，而楷書必以三帖爲高曾矩矱也。其子孫系續，固弗克畢肖，而尚有其大端在也。《黄庭》則無論其别刻者，又矜言精校者，皆非元祐秘閣之本矣。即其出於秘閣者，亦又不盡歸一，而元祐秘閣之《黄庭》真本，無由以見也。尚或取其近似秘閣者，以爲秘閣《黄庭》云爾。《東方贊》則秘閣本之行次具在也。見岳倦翁《寶真齋法書贊》。世行乃無一合者，且有訛舛，則秘閣之《東方贊》又不可見。惟有《樂毅論》，元祐秘閣本系述分明可按也。元祐秘閣所刻，是《樂毅論》全文，一傳而翻爲南宋之越州學舍本，再傳則分二支焉。其正宗，則明長洲文氏停雲館全文之本。孫月峰疑有墨迹尚在，而不知出於宋越州學舍帖也。其旁支，則南宋末有翻刻本，字勢稍展放。今日舊拓存者，或混入僞《潭帖》、僞《鼎帖》内，世亦莫知其爲越州學舍帖之嗣也。宋元後，不知何年，又有從此本以絹素重寫，又稍破觚爲圜。明新安吴用卿得之，侈爲晋迹，勒石於餘清齋帖。邢子愿、董思白及近今之王若林，皆盛加推許，以爲楷法之神品也。元祐秘閣《樂毅論》全文之本，即岳倦翁所稱神妙，陸放翁所謂小字縱横馳騁者，今世所罕見矣。而越州學舍重開元祐秘閣本，尚有舊拓本，世亦罕知者，則此間原委昧没久矣。近日王若林論楷書，以《樂毅》爲正宗，是已。而其言但舉吴江郵藏本，其識見尚出張米庵下。張米庵見吴江郵本，定爲宋元以後人所書，此人眼力過於邢、董遠矣。若林又云宋越州石氏本，精華已銷乏矣。此語但指文氏停雲館所摹言之。然而宋時最重海字本，越州石氏所刻《樂毅論》，即海字本也。此本止有前半，纔逾中段，已僅存三小行，三小行之末行僅存一「海」字，故稱曰海字本。文氏停雲館亦取以入石，即其後不全本是也。而又闕失其後三小行，世亦未有知其爲海字本者矣。文氏家鐫工章簡父子，自鐫一石名曰《墨池堂帖》。内有此本，却有後三小行至「海」字止。章氏墨池之刻，却自越州石氏本出。此所謂海字本者，歐陽永叔、趙明誠皆見之而言之不詳。後傳於錫山徐氏，朱子亦嘗見之。至宋末，王順伯《碑録》詳言之。順伯見此石謂石已磨滅，乍見竟若無字，細視僅存字骨，想不傳遠矣。今所見文氏停雲館本，蓋又從宋末重刻石氏本又再翻者。以愚審定，元祐秘閣本是梁摹，越州石氏本是唐摹也，二本實亦同原。今惟賴文氏停雲館刻尚存其全文之真影，章氏墨池堂刻存其不全本之真影。此皆遠在吴江邨所藏本之上，今之學者不知此帖本末同異之原委，惟一王若林揚詡吴江邨本，以爲晋迹，則楷法之所自無由明白矣。又明末金壇王氏鬱岡齋帖之《樂毅論》，亦即其時借吴用卿藏本所摹。鬱岡齋又有文三橋所跋《焚香贊頌》之本，皆非停雲館内一全本之比矣。甚至《戲鴻》、《快雪》所刻《樂毅論》，後有貞觀六年中書令河南郡公之褚銜。貞觀六年，褚公尚未筮仕，而已有此銜，乃笑柄也。而董、馮二文敏皆不知其非，至今村塾學童家奉一册爲楷模，可慨也已。

大令書今僅傳《洛神十三行》，尚得仰窺山陰遺矩。然惟越州石氏本，宋末雖有重翻，如博古堂之類，實皆石氏本之留貽，可信爲大令承家法者。至其後不知何時，依石氏本位置，而運筆則顔、柳，以後開啓蘇、米之派，要是宋人重刻也。何義門疑爲周越所作。此是唐荆川家藏舊拓本，孫文介慎行重刻之，曰玄晏齋本。今東昌姚氏、武進趙氏又有重刻本。聞《快雪堂帖》内之前一本，即從玄晏齋初拓又翻者。董文敏推荆川本爲天下第一本。蓋唐本是其最初所拓，宛如手書，故董亟稱之。其實較之越州石氏本，已稍變矣。「抗瓊瑀以和予」，「和」字，宋末翻石氏本，此「和」左撇末有泐勢。所以唐荆川本此「和」左撇過長，是即所從出之一驗也。《洛神十三行》有唐荆川本，破觚爲圜，與《樂毅論》有吴江村本破觚爲圜，二事恰作匹對也。乃至其後，又有杭州《玉板十三行》出焉。吾家蘀軒先生息影山莊藏此石，相傳是宋末賈似道所鐫。昔朱文盎嘗言此石已是後來翻刻，向來不信其説。及見宋拓原本，則此刻形神位置絲髮不差。惟賈刻原石前題「晋」字，中横下日上無泐痕，今重刻本泐矣。「或採明珠」，「或」字戈脚之末，原刻趯筆分明，今重刻本則混不見。餘亦小有微茫辨處。其重刻工之神肖，無微弗至。除此一二筆外，雖原本並陳于几，竟難辨也。賈刻《碧玉》不知尚存否，亦不可不記也。此本「棋」字譌木旁，「瓊」右半添出四，則原本不如此。雖「姚」字女旁彎筆似篆勢，可以别於近今重翻之杭本。然越州石氏本初不如此帖，究必以越州石氏本爲正也。

綜論古今楷法，無過山谷三語：曰大字莫若《瘞鶴銘》，小字莫作癡凍蠅，《樂毅論》勝《遺教經》。此未言《黄庭》者，言《樂毅》則《黄庭》可知也。《黄庭》元祐秘閣真本，今尚未得見。王弇州云世傳《黄庭》皆秘閣本。則今所見摹秘閣之本，亦皆具有典刑。如停雲館開卷所摹即秘閣本，其本今尚有舊拓存者，然秘閣真本自應勝此。又董文敏所謂墨池爲之放光者，此則别是一本。「棄捐摇俗」作「棄捐淫欲」，以文義讀之，自必「淫欲」可通。「閑暇無事修太平」作「心太平」，陸放翁取「心太平」以名庵，自必「心」字可通也。此雖舊本，然其書實在秘閣本下，吾豈敢校讎以論書哉。所以《黄庭》惟元祐秘閣本可憑，而秘閣本訖無真者。長洲文氏最精研小楷，其刻帖以此冠卷，是秘閣真本不得見於世久矣。其嗜異者，又獨推《黄庭内景經》，其實《内景經》真本無緒可原，非秘閣《黄庭》比也。惟有《樂毅論》元祐秘閣本，即云罕見，而南宋越州學舍重開秘閣本，尚有舊拓存者。今惟長洲文氏停雲館帖内《樂毅論》全文本，實從越州學舍本出，不特形神畢肖，即字裹微茫小泐損之勢，亦俱肖之。文氏鐫工之精至此。今講求小楷，必推停雲之《樂毅》全本，得存梁摹晉法於一線，爲足珍也。此原石今存嘉興馮氏。若其重刻停雲館本，則豪釐千里矣。

綜論唐楷，則趙子固所舉三碑：曰《廟堂》、《化度》、《九成》也。蓋由晉楷遞推之，則永興直接右軍。竇臮《述書賦》注言右軍正書，唐世稀絶，自必以《廟堂碑》接晉楷矣。今世止見五代王彦超重刻之陜本，純用圓彎之勢。學者每憾永興用筆無自追尋。城武石本亦宋時所刻，專取清勁，而又多嫌枯窘，益難尋其蹤矣。及見唐刻原本，乃知陜本太過用圓，實不及城武之清勁者尚存其原本之什一。昔人見唐本者，謂其方穩近歐書。然歐書險峙，又不若虞書之凝遠淵穆，能傳晋楷神韻也。若以虞與歐對言之，究竟歐方虞圓，則唐楷自必以《廟堂碑》爲第一也。然而通徹唐之書家，通徹晋唐之書脉，至於歐陽率更似是純用方者，而惟一《化度碑》，其風神即在凝鍊中。此則合晋唐正脉一以貫之。恐虞書在唐時，繼往開來，初瞻風度，仍當以率更《化度銘》爲唐楷第一。而《廟堂》、《九成》，皆由唐問晋之正宗也。再求其次，則褚之《孟法師》、歐之《虞恭公碑》，是二種可以肩亞耳。若張長史《郎官記》最著稱，特以長史擅草法，故論者必推重其楷耳。若竟儕諸《廟堂》、《孟法師》間，則未敢信。

二王，楷法之聖也，聖則百世師也。今由唐溯晋言之，虞、歐，右軍也；褚、顔，大令也。此以後千百家皆系此矣。何者？終唐之世皆學褚也，其或小變者學顔也，虞、歐則嗣響爲難也。右軍之書，願學者豈乏人？而材力限之。自大令親承付受，而已小變其格。羊、薄爲晋唐脉之大關捩，則皆大令法也。入唐惟永興上接右軍之脉，其於智永《千文》後作書，必棐几之遺意，恨無由見耳。陸柬之、高正臣輩，習虞而已。至歐陽率更變爲方整，宜若專師大令，然此乃是右軍滴髓，非可以貌取者。若使右軍在唐初親見虞、歐，二人必皆入室者也。惟褚公真知右軍，而行筆止到大令。今以張長史《郎官記》合褚《東山帖》，即知羊、薄以來率由之路。而長史用筆之訣，口授於魯公，則顏書全自大令出。而運以忠毅正直之氣，自足千古。後人不知此義，而但學其郛郭。此則以顏、柳並稱者，壞法之所由也。惜柳書《金剛經》不得傳拓本耳。

必知唐楷所從出，而後可學唐楷。馬伏波云：「良工不示人以璞。」此一語，凡詩文、書法皆當之知。率更之《化度銘》，何嘗有一筆學右軍哉？《醴泉銘》固云《蘭亭》後勁，然而已微露分隸之蹤矣。至褚公《伊闕三龕記》，則純乎分隸矣。顏魯公却無一筆露大令之蹤，然而後世學者不知大令法，未可學顏也。

宋人惟不知顏法所自來，故愈學顏而愈無骨。其所以不知顏法者，總坐不知晋法也。品蘇書者，必知羊、薄以上之脉，而後得蘇書之髓。山谷書能得褚公意，亦是如此。米則竟以右軍自居，竟以二王而上自居。米之爲右軍也，仲氏之初見聖人時也。所以必不得已於宋人求晋法，而得吴傅朋矣。

嘗聞宋之黄長睿書得晋法，而未之見也。就所及見者，宋之吴傅朋、元之趙子昂，是皆得晋法歟。或亦尚未敢質言也。元人皆趙法耳。明之宋仲温、孫雪居皆能知古意者也，未知得晋法否。若明末婁子柔，我國朝初年施愚山，亦能追晋法者。所見二家手迹，尚未多耳。

於唐求晋,虞、歐其大宗矣。虞,右軍之遺;歐,大令之遺也。然而《醴泉銘》妙運隸體,則大令之法,羊、薄以來,至《醴泉》而詣暢極矣。惟《化度塔銘》,則率更神悟,直以右軍之内斂爲之,又不比永興之嗣傳風度,而於唐楷中獨存山陰棐几之意。此《化度》所以爲唐楷第一也。若褚,則亦大令之遺,神完守固,初無一筆外散,而竇氏《述書》所評乃謂「澆漓後學」者,何耶?元遺山論東坡詩曰:「金入洪爐不厭頻,精真那計受纖塵。蘇門果有忠臣在,肯放坡詩百態新。」又曰:「奇外無奇更出奇,一波纔動萬波隨。只知詩到蘇黄盡,滄海横流却是誰?」遺山之言「滄海横流」,即竇臮之言「澆漓後學」也。吾嘗謂遺山不料後來尚有楊誠齋、楊廉夫數輩人耳。竇尚輦固不料有以雄冠劍佩來聖門,如米元章者耳。唐代之詩,自錢、劉、十子以降,亦皆何嘗非效右丞?右丞之真詣果有存焉否邪?唐代之書,亦皆效虞、歐、褚,而此間問津山陰,又由大令問津右軍之真詣,果有存焉否邪?不得不舉竇氏論諸書,爲上下古今一大關捩矣。

右軍正楷,唐已稀絶,《樂毅》、《黄庭》傳摹形似,去古漸遠。永興高秀,率更凝重,由堂入室,二家兼之。夫風骨峻整,則漸趨流利。此山川融結,勢所必至,故惟褚法上下該貫也。薛少保之菁華,合以魏著作之腴厚,而褚法備矣。然猶未到,褚之正定,結脉歐、虞也。率更精力直造,未授官奴以前,分際此間,從容緩步,韻味深永。蓋山陰得勢之秘,妙故在未變隸時。是以吾於《鄭郎中碑》,仰窺岐陽十鼓,正不僅推金鄉七人下啓褚法耳。

山〔陰〕〔陽〕金鄉曜奴等七人書《禮器碑》，此在禮器碑陰極邊際處，拓本多遺失之，故知者甚少。《禮器碑》在漢隸中超妙神化之詣，更何待言。然學者知其超妙，而師其淳古，且勿學其變化也。近日王若林推褚書學此碑，亦何嘗非隸法之問津乎？乃其意則以褚之《雁塔》、《聖教》，學《禮器碑》之瘦勁。此論一開，即若林論篆取鐵線瘦細之意。以此示後學，正墮入竇《賦》以後學之澆漓歸咎於褚公矣。豈知褚法非以輕虚筆不著紙爲高韻也。褚書淵穆正定，乃實晋法之遺矩。王若林晚年自命學褚，不過小變其學歐之方偪，運以輕逸之意，遂自謂學褚。如此是乃所謂澆漓後學者耳。其實褚公曷嘗澆漓後學哉？

蘇齋筆記卷第十五

楷

周岐陽石鼓，唐初歐陽、虞、褚共推古妙，而山谷謂右軍書法出於石鼓。此所謂右軍、歐陽、虞、褚云者，雖未見其論著之詞，而石鼓篆法爲書學之所祖，則實不可易也。不知篆法，無以得作隸之原；不究篆隸，無以得正楷之原耳。

竇臮《述書賦》注據吏部侍郎蘇勖所記，以岐陽石鼓爲史籀之迹，又以三體石經爲蔡邕書。今考蔡邕書石經是隸書，非三體。蓋竇所見是魏正始所刻石經。既言四紙，非其全刻，是誤傳爲漢石經耳。蘇勖在唐初已稱石鼓爲籀書，則其沿傳不知始於何時。蓋唐世考證之學已不能精審矣。

《三國志・劉劭傳》末附「韋誕」條下詳注同時書人，而《鍾繇傳》無之。唐竇臮《述書賦》於魏舉五人，有鍾會而無鍾繇。

漢碑尚多傳世，而魏晋六朝罕見者，以其時禁私立碑也。周石鼓、秦刻石，皆不著書名。周石鼓之爲史籀，固後人之詞，無其實據。秦刻石之爲李斯，亦不能盡以概岱、越諸刻。况秦篆之傳，特以其篆，非以其人也。上蔡牽犬之子，不使列藝林之上，亦奚傷哉。至若漢碑，雖蔡中郎以石經著聞，然其時尚有馬日(碑)〔磾〕、堂谿典諸人諸經，筆勢亦非一人之書。杜詩「秦有李斯漢蔡邕」，特渾舉之詞耳。是漢魏以前有石迹，而不著書人也。仇紼、仇靖、朱登、孫興，皆見本碑，而罕知者。故杜云「作者絶不聞」也。若晋以後山陰二王，及蕭、阮、羊、薄之徒，以書名者，乃不聞有所書之碑刻。是晋宋南朝有書家而無其石迹也。

晋宋禁碑，據《宋書·禮志》云：「漢以後，天下送死奢靡，多作石室、石獸、碑銘等物。建安十年，魏武帝以天下雕弊，下令不得厚葬，又禁立碑。魏甘露二年，大將軍參軍太原王倫卒，倫兄俊作《表德論》云：『祇畏王典，不得爲銘，乃撰録行事，就刊於墓之陰云爾。』此則碑禁尚嚴，此後復弛替。晋武帝咸寧四年，又詔禁立碑。至元帝大興元年，有司奏：『故驃騎府主簿故恩營葬舊君顧榮，求立碑。』詔特聽立。自是後，禁又漸頹。大臣長吏，人皆私立。義熙中，尚書祠部郎中裴松之又議禁斷，於是至今。」又《裴松之傳》亦詳載其上表禁立碑語。按此則南朝禁碑，自魏晉至梁陳，凡三百餘年。是以北魏、北齊尚多石刻，而晉、宋、齊、梁無之。故以二王及蕭、阮、羊、薄諸人無一字刻石者。《周孝侯碑》，後人妄記。

晉、宋、齊、梁、陳無碑，而北魏、北齊有之。然造象石刻及諸碑志，多乖六書之字體也。竇臮《述書賦》却詳於晉、宋、齊、梁，而北朝止有文深、孝逸、仲寶。乃若唐初虞、歐遥企山陰，而永興於蕭、阮諸人必嘗親得其脉，今不可考矣。率更則師劉仲寶，今不見仲寶之迹。若《汝帖》所摹姚秦像銘及樊孝謙乾明《孔廟碑》，可知其大略耳。

由篆變爲隸，則漢時器銘碑刻皆得尋其原委。由隸變爲楷，今所見惟北齊乾明二年樊孝謙書《孔廟碑》，僅存百餘字，而上下原委之脉具焉。何義門謂《許長史舊館壇碑》是歐陽率更體源所自出。此碑拓本聞四明范氏天一閣有之，屢托友訪借鈎摹，登其閣遍覓不得，云何時失去矣。未知何時得一見之。以愚所見，樊孝謙乾明碑實開率更法也。丁道護《啓法寺碑》，海内亦止一拓本。義門所藏者，在一顧姆所珍秘，懸價千金。臨川李都諫宗瀚以五百金得之，持來求跋，在予齋亦數月。其書略有開褚河南之意，微近似《龍藏寺碑》。《龍藏碑》稍圓熟，《啓法》稍清挺。然《啓法碑》近於坦迤，豈能以晉法許之？《常醜奴墓志》實開褚法之先，自當勝《啓法碑》也。

右軍正楷，世所罕傳。褚河南品右軍正書，止《樂毅》、《黄庭》、《東方贊》三種，今則皆久失其真矣。惟《樂毅論》元祐秘閣所刻尚存，梁唐舊摹之影，中和渾古，非以圓爲體也。至南宋一再摹，遂破觚爲圜。近人見餘清齋所刻，輒以爲真迹，誤也。歐陽率更、褚河南承羊、薄之脉，未嘗專趨圓也。惟虞永興書克嗣山陰，世傳《廟堂碑》乃宋初王節度倩何人所摹，竟破觚爲圜，全用彎圓取勢，而右軍之法盡失矣。得見《廟堂碑》唐石本，乃知永興之凝遠高秀，初非以圓筆結局。蓋晋法之能存古意，盡壞於王節度之重摹虞書，又何怪南宋人之誤摹《樂毅論》？虞永興之上溯山陰，必嘗親見蕭、阮、羊、薄以上諸家手迹，今無自而考求其脉。學虞者，最近無如陸柬之。嘗見陸書《蘭亭》詩游相所藏宋本，初非用圓筆也。於後則唐人多師褚法，固非純用圓筆。即至宋，蘇、米亦以圓神，非以結體也。吴傅朋更不專取圓矣。今之高談米法、董法者，不論真行，惟以圓美爲能事，其弊漸將流於軟熟，乖方矩之義，貽學問心術之害。故因究言晋唐隸楷而綜説之。

《瘞鶴銘》「畏以」「石旌事」云云三行，或因馬子嚴題語有補刻三行之説，遂指此三行爲宋人補刻。張力臣、汪退谷作考，皆沿此説，誤也。予有辨説，詳具附考卷内，並書此辨説之概，寄勒於焦山寺壁矣。此銘筆勢多用篆法。

山谷云：大字莫如《瘞鶴銘》，小字莫如癡凍蠅，《樂毅論》勝《遺教經》。此於大楷專推《鶴銘》，於小楷專推《樂毅》，信後學之所問津也。其於小楷不言《黄庭經》、《東方贊》者，合之蘇子美詩「山陰不見换鵝經」，知二帖專摹失真久矣。《瘞鶴銘》兼有篆法、隸法，虞、歐法皆具焉。蘇子美詩：「山陰不見换鵝經，京口新傳瘞鶴銘。」即使非必果出右軍書，而六朝以來正楷惟此尚存。若以爲陶貞白書，則亦去右軍未遠爾。

晋人正楷既罕傳，則言正楷者，惟於唐人遥師晋意。此千古書法之要義也。綜論有唐一代之書，自必以虞永興得晋法之傳矣。然虞書惟《廟堂》一碑，其唐石真碑又不傳世，惟憑王節度摹本，浸失其真。惟有歐陽率更諸碑最真正可信可師，由唐企晋所問津者，此爾。褚亦晋法之津梁，而褚正書每帶逸勢，致開行押之體。即如楷書中間横畫，每於末帶圓彎，以取姿致。在褚書初不傷格，而效之者則漸啓流弊。所以竇臮《述書賦》於褚書有「澆漓後學」之譏。予初見竇《賦》，亦覺此語太過，既而思之，是誠不得已而作也。若虞、歐，則寧有此耶？虞書世不見其真，則惟恃歐陽書矣。歐書《化度寺碑》，唐之晋楷也，抑又湮失不可見。則惟《醴泉銘》，士皆童而習之，而終身莫竟其緒。今石雖泐蝕，誠能覓良工以細紙淡墨精拓，尚得十之三四。又《虞恭公碑》下半亦尚有可拓之字，而工人惜紙，僅拓其上半廿許字。及今日以水净洗，拓其全文可辨者，尚二千餘字。世猶存此二碑，是即萬古書法規矩準繩矣。

《宣和書譜》於率更書獨推《化度寺碑》，則可見此爲唐碑最上品也。趙子固在宋末，於唐楷專取《化度》、《廟堂》、《九成》三碑，足知書家定評，是爲古今書法正脉也。

褚書《孟法師碑》最難得，其重摹者或謂似虞永興者，然實亦非用虞法也。《三龕記》帶隸體，《房玄齡碑》、《聖教序記》皆帶行體，至小字《陰符度人經》雖極古雅，而皆出傳模耳。《孟法師碑》之重摹者，可與宋翻《化度》相匹也。宋翻《化度碑》即《郁氏書畫記》所録元朝盧嵩翁、趙松雪諸賢題跋，世稱唐搨者，亦見安岐《書畫記》。以宋拓真本核對，乃知是宋翻耳。

褚書《東山帖》見於《汝帖》，未見其原本。此帖却是褚公純楷，無一筆帶隸行，與《孟法師碑》最相近，亦與張長史《郎官石記》頗相近，惜不知其真本在何處也。虞書《大運帖》則是從《廟堂碑》集來者，大觀刻本尚有一二處足正陝本之失，不能以宋人所摹忽視之。歐陽楷書在閣帖者，黄長睿亦謂是從碑字集來，則莫考其是何碑矣。此未見《淳化》原刻，以今所摹傳法帖中之歐楷，則不逮歐書諸碑遠甚。李茶陵又謂《汝帖》中有《化度碑》數十字，今以宋拓《汝帖》核之，實未有也。又法帖中虞書《齋會帖》，字數與歐陽永叔所説智永《千文》後虞書七十餘字若相合者，未知是否。歐陽永叔所説智〔永〕《千文》，味其語意，必非今陝西碑林大觀己丑薛氏所刻《千文》也。薛刻《千文》字勢平熟，必非隋時人書。况「天地玄黄」「黄」上一字，及「桓公匡合」「匡」字，皆闕末筆，必宋初人避宋諱之書耳。真宗諱恒，「恒」字不闕筆，是宋初人書無疑。

蓋其人效智永真草體爲之，薛氏不考而勒諸石，從未有辨正者。又有一舊刻本，於其末云：「陳至德二年四月六日於永欣寺留意書之，時年七十。」後有「閲古審定印」、「韓侂胄印」、「永興軍節度使之印」。據此印是韓侂胄《閲古堂帖》也。其《千文》一行真一行草，行次位置與薛刻摹勢悉同，惟字勢加肥耳。「囊箱易輶」至末真草，合共廿一行。《閲古堂帖》即《群玉堂帖》，曾宏父《石刻鋪叙》云：「《閲古堂帖》十卷，其第二卷晋隋名賢帖。」不言智永《千文》，此刻實是《閲古帖》否？未可爲信。其云「於永欣寺留意書之」，亦類後人裝點語也。從來自書年月未有年號上加某朝者，此於至德二年加「陳」，更見其是後人僞托耳。

張長史《郎官石記》世無二本，今所見惟戲鴻堂所摹，疑非真也。又有吴門摹刻一本，即《中吴紀聞》所稱蘇州學舍本。予見宋牧仲所藏有王守溪、王弇州兄弟手跋者，其字勢實與董摹《戲鴻堂帖》無異。特董摹出於陳仲醇，非出於原石本，微覺尫弱耳。及見宋拓原本，清勁古質，非吴門一本之比。然亦實不能與《化度》、《廟堂》差肩也。山谷所云無轍迹可尋者，合長史「草聖」言之，人第知長史善草，而孰知其正楷古勁如此。所以謂其無轍迹可尋，非專贊此《郎官記》，輒欲掩唐賢諸書家也。弇州跋謂《化度》、《廟堂》、《九成》皆退三舍，則誠言之過當矣。

唐初書家盛於歐陽、虞、褚。歐陽率更特起山陰之後，有唐一代無足擬似者。虞書，則在唐初有《昭仁寺碑》、《孔祭酒碑》，二碑不知出於誰氏，有稱爲虞書者。雖非虞書，亦略近之。褚書，則唐人學褚者輩出，就其最得神韻者，薛稷、魏栖梧也。當時有「買褚得薛」語，以配王羊。而薛書世傳甚少，惟《昇仙太子碑陰》諸人銜名其下列，則鍾紹京書；其碑題年月及碑陰之上列人名，則皆薛書也。内有「臣鍾紹京」一行，亦是薛書。薛書真石，世所存者，惟此而已。魏栖梧書《善才寺碑》，世無二本。其裝册時取碑内「褚遂良」三字，妄置題目之次行，詭爲褚遂良書。册有涿州馮文敏題，漫不詳考，竟以爲褚書。予據王若林考定語，改題爲魏栖梧。此二碑直作褚書妙品觀。

論唐人書，當以其近古能存晋法爲要義。吾所企慕而未見者，薛純陀《砥柱銘》、顔魯公《離堆銘》也。若其近古而能存隸意，吾不欲推褚書《三龕記》，而欲推李北海《端州石室記》。抑其得晋法者，推張嘉貞《北岳廟碑》歟？推柳公綽《諸葛祠記》歟？

以山谷言「大字莫如《瘞鶴銘》」之意推之，則中宗滎陽手敕乎？抑猶未也。玄宗《紀太山銘》年月一行或庶幾歟？

褚與顔，皆大令之傳也。褚、顔二家，豈惟一代書家宗之，並開宋後諸家也。褚書正楷亦多，微帶行體之意，惟《孟法師碑》世又罕傳。顔則多正書矣。以忠義之氣，演大令之脉，又能其中鋒不偏側，以取姿媚，其正楷之雄乎。然而楷勢既不能如晋人參差蕭散，究以分行布白見格意焉。而顔楷過於字字比密，肩背相抗，不留餘地。若《宋廣平碑》、碑側尤妙。《殷君夫人碑》、《茅山李玄靖碑》、《元次山碑》，尚庶幾可想大令遺意耶。

自唐太宗《晋祠銘》以行書入石，唐初若陸柬之、若高正臣，皆不見有正楷石刻。歐、虞、褚、薛並稱者，薛是稷，非曜也。薛稷書《昇仙碑陰》外不多見。薛曜《石淙》諸刻，尚在王知敬、殷令名下矣。李邕正書惟有《端州石室記》，其餘皆行書也。徐嶠之書，惟《姚懿碑》存耳。《阿育王寺碑》，徐書已不可見，今存者是范的重書，亦行書也。徐浩正書雖有存者，特蘇靈芝類耳。所以名家遂推顔、柳也。

於唐楷求晋法，虞、歐、褚三家而已。虞書高秀凝正，初無用圓之説。其謂虞書純用圓者，特狃於五代重刻《廟堂碑》之誤，不得謂虞書是圓體，固已。歐亦非純用方體，《化度》淳古淡遠，《醴泉》淵渾圓勁，不待言矣。至《皇甫碑》全用險勁，自是本色如此，特學者由此先立間架可耳。惟是虞永興用筆，每前輕虛而後漸著力，歐陽率更則前著力而後漸輕虛。此其天性如此，亦非其有兩詣也。惟褚書實有二種格意，大約其中年之作方矩凝正，而晚年漸多帶行押，此其大較也。近日王若林乃謂《孟法師碑》中年之作，不及其晚年書《聖教序記》之神妙。此説最足貽誤後學。且即使其晚年超妙入神，而爲學者計，究以效其平正之矩爲適道之大路。王若林之論，正與竇臮《述書賦》之説相（反）〔友〕，吾豈敢舉竇《賦》之説以咎褚公。顧此後人不善言褚書，爲褚公之累耳。褚書關係上下古今風會，不但開有唐一代之書，抑且開導宋賢以後。所以論褚書不揣其本，而齊其末，最爲藝林之大患也。

唐碑得褚法者，魏栖梧《善才寺碑》最妙，世無二本。惟涿州馮文敏所藏宋拓舊本，文已不全，不知何時裝者，翦取其文内之字，移裝於題下曰「河南褚遂良書」。後有馮文敏手跋，竟指爲褚書矣。此帖王若林有跋，辨河南是褚之封爵，非河南人。又摘其内「元開」二字，翦裝乃「開元」二字倒置，以明其是魏書。若林此跋最明白，乃又有人惡其言非褚，廢去此跋，而存馮跋。予特爲辨正之。此帖今在臨川李都諫宗瀚處，外人亦莫得見也。《狄知愻碑》得褚法最正，其碑殘闕，不知書人姓名。雖石尚存，而拓者亦罕。就今所習見者，惟《敬客書塼塔銘》有褚之秀韻，然使學者日於此求褚法，將與董文敏誤執經生書《靈飛經》目爲鍾紹京者，何以異乎？若林又謂《同州聖教序記》似《孟法師碑》，不知褚書《聖教》自以《雁塔》本在《同州》之上，何得謂《孟法師碑》似之？近日江南有人重刻《孟法師碑》，翻本直似鬱岡齋所刻《兒寬贊》。若必謂《聖教》取《同州》本，則《孟法師碑》宜取近日江南翻本矣。若必謂《靈飛經》是鍾書，其弊必至於快雪堂之《樂毅論》爲褚書矣。褚書之真既不可見，又被此等謬説起而傅合之。一褚書之不明辨，而其害於書學，害於學術人心，莫可底止，吾安能以勿辨？

所以欲求虞、歐、褚者，求晋法而已。至宋人，不甚精詣於正楷，宋人亦何嘗不由唐以溯晋。然吾嘗見宋人所著《寶刻類編》，極推殷令名書《裴鏡民碑》云：「筆法精妙，不減歐虞。」及觀其碑，實得虞、歐秀韻，而神理不逮遠矣。此尚是唐初名家最著者，而止於如此。可見趙子固獨推《化度》、《廟堂》、《九成》三碑能存晋法，此千古定論也。宋人《寶刻類編》不著年月名氏，即其於褚書取草書《陰符經》，此越州石氏所刻，而其褚銜已不免墮入快雪《樂毅》褚銜之謬誤，則此編又在越州石氏帖之後也。其殆南宋坊賈所爲乎？

書必以楷爲正矩，宋後竟無楷法可追晋唐者。宋人正楷多習顔法，第存其郛郭耳。東坡《乳母任氏墓志》最佳，《登州海市詩》亦佳。然近今所拓，皆其重刻一石也。予於其後室竈下剔得真石，其陰有坡書，吴道子畫跋亦妙。重刻之石，則其陰無此畫跋，不難辨也。米老竟無正楷勒於石者，焦山有「仲宣法芝米芾同觀山樵書」大楷題字，其書亦仿《鶴銘》，然相去天淵矣。他處亦有米題，非泐損則重摹也。最有書名者，無過趙子昂。子昂仕元，人多議之，實則宜諒之，不必議之也。惟楷書則全取側媚，所以董思白亦目短之。然董楷雖有逼古之境，而明朝楷書自宋仲温以逮祝枝山、文衡山、孫雷居、婁子柔，各取所長，又未知誰爲優耳。

書以楷爲正，蘇、米而後，逮於元明，士大夫多務行書，不甚留意正楷。是以愚於行草未嘗深論。約而論之，行書《蘭亭》、《聖教》爲正，草書《十七帖》，孫過庭《書譜》爲正，可得其大凡矣。趙文敏行書却有正鋒深厚，得《蘭亭》、《聖教》神韻者，在其正楷之上。其側鋒取媚者，非趙書上乘也。

蘇齋筆記卷第十六

凡碑刻皆爲其事其文而勒石也。故言碑刻者，以考訂爲要，而借書法以傳之。凡法帖皆爲其書而勒石也。故言法帖者，專在書法，而却賴考訂以詳之。

法帖始於宋《淳化秘閣》之刻，唐前無之。而《蘭亭》有貞觀時刻石之説，且有唐太宗曾見石刻之説，則刻石更應在前。此皆無所考證之詞，難以援據。惟定武石刻，其果出唐内府刻與否，雖亦未可知，而究是唐刻無疑也。又《寶刻叢編》載大和六年所勒《樂毅論》，此亦唐時刻石矣。由此言之，則唐時固有前人名迹勒石，特未有能綜理成編者。至宋淳化時，侍書王著始取南唐人仿書之類編目入石，選擇既不精，考訂又不詳，遂爲後來類帖之祖。書雖一藝，已不啻鄭氏禮堂寫經，欲整百家不齊者矣。

即以《聖教序記》，京師沙門輩使懷仁集右軍字爲之者，實亦以其書爾。時上距馮承素諸人手搨《蘭亭》纔隔三十年，而如「羣」字末筆雙杈之勢，同在懷（人）〔仁〕所集一石中，其下三横之中間橫過處，與下直雙杈之穿上二層處，前後「羣」字再見，已不相合。「聲」字亦再見，其左半中間承接處，前後亦不相合。此在唐最著之刻亦已如此。

吾略舉《聖教》所摹「羣」字、「聲」字，諸如此者，尚不止一處。今日拓者漸已昏蝕此等處，非宋拓精者無以辨矣。其空淡神味者，動輒矜言，眼照古人，於此等處皆不留意。蓋自明代諸人不講考訂，經學史學，一切草略，而書法、碑帖皆因之。學者所宜精意研審也。

無論經史注釋、著録以及序記、題跋，皆當詳著其時地、歲月以資考核。即如刻類帖者，某帖出於某朝、某家、某本，及其重刻之時地、日月，皆系於帖尾，方得明白，方見不欺之學。

宋曾宏父《石刻鋪叙》首從石經叙起，最爲得之。唐人於熹平石經，有秘府印記，可見石迹莫先於此。即以書法論，書以正字爲本。漢熹平時，蔡邕書石經，原以正字也。魏正始石經不傳。唐開成石經，則張參、唐玄度别有文字字樣之刻矣。而其書者，則皆唐經生也。宋嘉祐石經最善，今在開封學，惜不全矣。《周禮·天官》《春官》二篇尚有存者，篆、楷皆可法也。近日有人於僧寺得宋嘉祐石經《禮記·檀弓》一石，乃其篆頗有誤處，蓋當日書石非一手也。洪氏《隸釋》已言漢石經不出一手，故知經營石刻整理之不易也。

法帖莫先於宋之《淳化閣》，乃開卷略及篆書，亦無所考據，又不及隸，不及楷，純以草書成編。其草書亦又無考據。世所傳法帖之祖，乃草草如此。

《淳化秘閣》之後，又有《元祐》之刻、《大觀》之刻。今惟大觀之名人所共知，而皆僞托，非大觀之真也。董文敏云：「宋時類帖如《潭》、《鼎》諸刻，即使有殘拓存者，人亦莫能辨識，誠可慨也。」《淳化帖》在宋時無著録之專書，《元祐秘閣帖》、《大觀》、《淳熙秘閣》諸帖，亦皆無宋人著録之書。至姜堯章有《絳帖平》之編，今其書亦不全矣。《淳化閣帖》釋文，則後人所爲，惜宋時無此編也。畢竟宋時所考據，尚有端緒可尋。就今所見者如曹士冕《法帖譜系》、曾宏父《石刻鋪叙》，尚皆略具原委。岳珂《寶真齋法書贊》系述詳備，皆有裨益。惟惜王順伯《碑録》不傳耳。

《淳化閣帖》原刻不存，世行皆重翻者，僅粗具形模耳，乃有時併其形亦失之。即如第四卷蕭子雲楷書《列子》數段，重翻本掘劣不復成字。南宋淳熙修内司所摹刻者，此《列子》數段古意尚可想見也。修内司此本與明肅藩重刻本竟頗相似，可見肅本尚去古未遠。惟第九卷，則肅藩别從一本摹入耳。蕭子雲書《列子》則肅刻遠不逮矣。

《淳化閣帖》宋拓本，世間惟有硯山齋舊藏宋初畢文簡賜本，今已歸内府學，無從得見矣。其外間所有銀錠欜本，概不可信。甚至有於每卷前題下加王著摹者，並不可信矣。世所存石，泉州本與河南薛氏園亭翻刻之石皆惡劣不復成字，不得已仍以肅州翻本尚略存其意耳。肅州本在明末即已有二本，其肅州石後有王覺斯小楷跋者，肅州之原本也。又陝西碑林有摹刻一本，所謂費本也。關中費文瑜手摹，崇禎十六年癸未勒石。然肅州原石本其後又多泐壞，洮岷道揚州陳卓補刻。此補刻在順治十一年甲午。則陝西碑林之費本又有可資以校證肅州原石。今得肅州原石未經陳補者，其初拓用太史簾紙，方於魯墨，在今日稱爲閣本之善者矣。其尾尚未有孟津王鐸小楷跋也。乃至今日陝西碑林之費本，又不知何時何人補刻，其殘缺處則又不及肅州本之陳補者耳。肅州《淳化閣帖》第九卷大令書末一帖，闕後三行，《諸舍帖》「深咽」下闕「寒仰」以下三行十八字。此當據宋拓舊本補之。又第六卷右軍書末一帖至二謝帖止，此後無《鶺不佳》一帖。或有第六卷末多此《鶺不佳》者，僞也。

明朝肅藩、晉藩、周藩各有刻帖。周藩刻《東書堂帖》稍弱，不足傳也。晉藩《寶賢堂帖》，變宋閣本之十卷爲十二卷，增以宋後諸帖。然其所摹閣帖，不用淳化本，而用大觀高寸許之本，却視肅刻爲勝。蓋晉藩藏有《大觀帖》、《絳帖》真本，據以入石爲可信也。《大觀帖》真本世既罕傳，《絳帖》真本亦不可見。近人有撰《絳帖考》者，不知晉藩《寶賢堂帖》内之張旭草書《千文》數行，乃真《絳》之遺影也。予嘗據此以考《絳帖》，視空言筆勢者異矣。《寶賢堂帖》後來又戴補者，近又有以舊紙墨拓《寶賢堂帖》冒爲《大觀帖》者。

宋朝官帖自《淳化》、《大觀》外，若《元祐秘閣》、《淳熙秘閣》諸帖，世皆無全本矣。豈惟無全本，即其中間有一二帖剩存於世者，見之莫能辨。若《大觀》每段石邊有刻工姓名如鍾書《宣示帖》石邊云：臣張長吉、臣張仲文、郗愔書。第二帖石邊：臣張珪。徐嶠之帖石邊：臣傅其理。宋儋石邊：臣張珪。右軍《想小大悉佳帖》石邊：臣張珪。之類，是真本之驗。又如《鼎帖》每段有楷書武陵字，有分隸書《千文》字號可驗。餘若《元祐秘閣》之《樂毅論》、《蘭亭》有重摹者，亦莫知其出於秘閣矣。《淳化閣帖》卷後年月篆書，其重刻者亦皆翻刻此篆。《大觀帖》卷首之題字，及某人書帖字，及其卷後《大觀》年月字，皆蔡京所作瘦金書。其重刻者，題目及年月字，皆拙劣。此可作辨驗也。又如《淳熙秘閣》前帖名曰《修内司帖》，刻於淳熙十二年乙巳二月。近日查初白集詩自注云十二年乙巳九月，反駁二月爲誤。不考此淳熙前帖二月刻，其續帖三月刻也，豈有續帖刻於三月而前帖刻於九月者乎？初白所購蓋是僞本，誤作九月，而其詩注反據僞本九月以駁二月之誤。初白作詩固不精考證，而已貽誤觀者矣。

今世所傳《絳帖》十二卷，以子丑寅卯編號者，不特非真《絳帖》，抑併非重翻之《絳帖》也。《絳帖》二十卷本，無逐卷逐段字編號。當時重刻之絳州東庫本，又所謂新絳本、武岡本，乃以「日月光天德，山河壯帝居。太平無以報，願上登封書」二十字逐卷編號，豈有「子丑」等字編十二卷之《絳帖》乎？近日王若林所稱《絳帖》者，皆即此物。其開卷《黄庭》、《東方贊》，又有《蘭亭》二本，其字却亦皆可觀。惟《東方贊》「噓吸冲和」訛作「噓吸冲私」，「庭序荒蕪」訛作「庭序荒蕪」，不知何時何人所摹。又有略换其一二帖，以舊紙墨拓作十二卷，於每卷前作篆題「星鳳樓帖」，實亦即此物，或稱《絳帖》，又或稱《潭帖》，或稱《鼎帖》、《星鳳樓帖》。中間亦有實出舊刻，攙入一二帖，雜以他帖，東移西竄。又或用淡墨拓其《黄庭》、《曹娥》數帖，貌爲古拓以炫人。若分析出之，又未嘗無一二足資考鏡者。即其中之《蘭亭》二本，亦皆定武本翻出。南宋游似丞相家所藏《蘭亭》，具有原委，其刻手、拓手尚有不及此二本者。草書諸帖，則多不足據耳。

宋時法帖，《絳》、《潭》、《鼎》諸刻皆不存於世。惟《汝帖》其石具存，至於今日石盡剥泐，若無一字可辨矣。舊拓亦尚有存者，而其刻實未精審。石鼓篆内竟有誤倒一字。「勿」訛作「[illegible]」。北朝書一卷内有一帖，其文末句云「化感幽明」。「化」字恰到行末，「感幽明」三字又一行另起。其編目時誤以此三字作下帖題首之姓氏，遂於卷前目内特題「感幽明」三字作人名矣。昔褚河南於中禁西堂編次右軍書目，其目内有「纏利害」若干行。此是《蘭亭詩》云：「適足纏利害。」「適足」二字在前行末，「纏利害」三字又另作一行。蓋褚公編次右軍書目時，或亦有付鈔胥小史寫其目者，遂誤以「纏利害」三字標其帖首。「纏利害」與「感幽明」正可相對。

《越州石氏帖》，蓋在北宋末、南宋初。石熙明字邦哲，會稽人。其家聚碑頗富，洪文惠知紹興府時撰《隸釋》，嘗假碑於其子祖禮。文惠守越在乾道之初，則石熙明刻此帖或當在南宋初也。宋人著録，若曹氏《法帖譜系》、曾氏《石刻鋪叙》，皆不言此帖，惟陳思《寶刻叢編》具載《越州石氏帖》目。又有《越州學舍帖》十卷，即《元祐秘閣帖》之重刻者，其後宋末不詳歲月又有《博古堂帖》，即越州石氏之重刻者。

相臺岳氏《英光堂帖》，岳倦翁珂所編，即《寶真齋法帖贊》内所藏諸帖也。倦翁忠孝名家，其《法帖贊》廿八卷，考核既詳備，文辭又典雅可傳，宋人金石著録之最善者。《英光堂帖》内米帖頗富，又有紹興米帖。然以鐫勒之精，則無若《群玉堂帖》内所刻米帖，是廖瑩中所摹也。

一家之書積爲卷者無如米矣。惟至今日有所謂襄陽米帖者，在襄陽米祠之壁。凡數十石，皆僞刻，無一可取。

宋宣和中，大名柳瑊重刻唐人《雁塔題名》十卷，摹刻既工，又資考據。其中亦有原迹偶闕一二字，而重刻仍其闕者，此十卷之全本今亦不可得見矣。惟陝西碑林有元祐中所刻懷素草書《聖母帖》，其石末後有空石半段，題「大和四年十月，裴休、柳乘、柳槼同登」。此乃是唐時《雁塔題名》原石之僅存者。後人於其前刻懷素帖，幸賴此末三行未磨去耳，人多忽之。

唐以前墨迹不傳，惟傳石刻。石刻以其事非以其書也，而事賴書以傳之。宋以後，則石刻不及墨迹之傳，所以有類帖之刻，是以其書非以其事矣。於是唐之碑銘墓志傳者較多，而宋後之碑銘墓志傳者較少，亦由其書不足重也。唐以前墨迹不傳，皇象書《左氏傳》，永嘉寫服虔注，第令人遥想而已。宋以後多傳墨迹。昔嘗見西漢文册，趙孟頫書，其楷法實亦雋逸。有人持來屬題，云其直五百金。詳閲之，中有古字皆空格，是其人不識古字，不敢遽寫，所以空之，乃斷其非趙書而還之。又書畫録所載文徵明小楷寫《水滸》一部，此必習文氏書者爲之，豈有文衡山寫《水滸》者乎？墨迹之難盡信如此。

後人彙刻法帖，開卷即《黄庭》、《樂毅論》、《十三行》之類，猶如刻詩集者開卷即樂府、擬古之類，令人望而生厭，固已。然刻古今類帖，原以傳古人之迹，資後學之觀摩，豈有誦詩讀書不由六經始者？即《黄庭》、《樂毅》、《洛神》，果有所據某本足以證原委者，自當首先摹勒，但須跋出所從來之某本耳。否則，宋元以後，尺牘之類盈千累百，於後學何益？昔吾友盧抱經有《群書拾補》之刻，竊欲取其意刻《法帖補證》。如岐陽石鼓内之辛鼓，久泐無字。予官司業時嘗得其首行半字，與明上海顧從義摹本可以相證。又如《漢禮器碑陰》邊際「山陽金陽曜奴等七人所作」小隸書一行，《衡方碑》末書者「樂陵朱登」半行，《倉頡廟碑》熹平題二段，以及《淳化閣帖》第九卷大令書末一帖之後「塞仰」云云三行，《温彦博碑》岑歐撰書銜一行，《伊闕三龕記》末褚銜半行之類。搜輯精勤爲卷，亦資考也。每惜古人大書皆不傳，欲摹米題《焦山瘞鶴銘》，米題《岳麓寺碑側》及宋人雁塔諸題字，峴山、盱眙諸題字，若杭州西湖、江寧攝山、山東岱廟、仲放詩後題字，廣東藥洲石上題字，七星巖、陽春巖、英德南山諸題，廣西巖洞、湖南浯溪磨厓之類，分地摹勒，彙成卷帙，亦一快也。

宋廬陵曾幼卿刻《鳳墅帖》，有《石刻鋪叙》之編，於諸帖皆具原委。相臺岳倦翁刻《鄂國寶真齋帖》，有《法書贊》之編，於諸帖皆見序述。此皆可爲刻帖之法程也。後人刻法帖，即使不能自著一編，以綜核類帖之原委，亦當於所刻某帖皆具其所從來，並其上石之歲月，以資訂證。此則就其上石時據實書之，尚非難事，而知此義者蓋不多見。

宋王順伯《碑録》，其書不傳。順伯之《鍾鼎款識》，就其原拓各系所得來處，此亦足傳也。若薛尚功《鍾鼎款識》，卷帙釐然，而皆出重摹。雖每條皆有考系，安知其無摹釋之誤？即以所摹岐陽石鼓，已多舛訛，而朱竹垞遂據以撰石鼓之考，則摹刻古帖奈何弗慎。

凡刻法帖非以炫博，要在自名一家，所得則成體段矣。如宋米元章刻其所賞泗州南山杜氏《蘭亭》，以遺後學，此誠善矣，惜其本今無傳耳。人各有所獨得之秘，若能出所賞鑒公諸同好，誠亦韻勝。若元趙松雪自言平生所見《蘭亭》善者，凡有三本。此跋在獨孤僧所贈《蘭亭》十三跋年月之後。而所説三本，内不及於獨孤本者，以宋人《蘭亭考》詳核之，乃知此獨孤所贈之裝卷，其前《蘭亭》拓本是後來所拓五字既損之本。而俞《考》內載其原跋，實是初拓五字未損之本。此在獨孤贈時，其原拓未損之本及其原跋，久已被人換去，獨孤、松雪皆不知也。惟其是後來所拓損本，所以鋒穎糢糊有似禿筆書，而趙跋遂以《蘭亭》爲退筆書。不思當日山陰稧席，鼠鬚繭紙，必皆精妙，豈有用既退之禿毫者。此特子昂北上時，在舟中佇興所書，未加詳考，故後來自述所見善本，不及於此本也。乃其船窗清暇，多跋數段，遂至傳爲妙迹，紛紛臨摹入石。涿鹿馮氏竟不刻其前帖，今驗其前帖，損迹稍近糢糊，亦實難鉤勒。而專刻趙跋並刻趙書《蘭亭》。全不依原帖之筆，不可謂臨。其誤裝者，又裝趙書《蘭亭》於前，而十三跋皆置趙《蘭亭》後。「有感於斯文」下云：「同日臨此。」同日者，同其第十一跋之日也。此趙書《蘭亭》在其第十一跋之後書《蘭亭》，後又書丙舍云云二跋，故謂之十三跋。今人皆不知此，則「同日」不可解。則此帖之前後尚未分曉，而其爲後拓既損之本，更無能知者矣。今此卷已燒殘，予親見其燒殘之卷也。馮氏《快雪堂帖》，劉雨若摹，實良工也。而馮不精考訂，所刻《樂毅論》、褚臨《蘭亭》，皆無稽之談。馮氏藏有《大觀帖》真本，此內《旦極寒》、《建安》、《追尋帖》，皆真《大觀》也，而馮不跋出。長洲文氏父子皆工書，其工人章簡父子又皆良工善鑒，所刻《停雲館帖》自以晉唐小楷一卷爲勝，亦因文氏專工小楷也。其《樂毅論》二本，惟前一本全文從南宋越州學舍本摹出，形神畢肖，世間石本《樂毅論》當以此爲第一，遠出吳江村餘清齋本之上。其後一本不全者，是宋末《博古堂帖》重摹，越州石氏本則不逮前一本矣。此卷内惟褚草《千文》不真，餘皆可觀。章簡之子章藻，又自刻《墨池堂帖》，大局不能及停雲刻。而停雲《樂毅論》第二本不全者，宋人稱爲海字本，以其末剩下三短行，末一短行惟存極末「海」字，故曰海字本。文氏得此不全文，闕其後三短行，則與海字本之名不相應矣。文氏父子亦不知也。乃章藻刻《墨池堂帖》，却有此三短行，乃是從《越州石氏帖》出耳。《墨池堂》不全本《樂毅論》勝於停雲遠矣。墨池堂刻《化度寺碑》，却是從宋拓真本出，並其泐後損壞描誤之痕，悉謹依之，而不明言。此本爾日借某家所藏，大約明朝人皆不知考證也。金壇王氏《鬱岡齋帖》最著稱，亦無逐段詳跋。其《樂毅論》二本，一即餘清齋本，一即快雪堂本。乃有董文敏跋，以爲即唐貞觀時馮承素所臨六本之一，可謂扣槃捫籥以爲日者矣。鬱岡齋《蘭亭》二本，其一所謂馮承素臨者，不知何人所作，固訛謬極矣。其一則領字從山本也。領字從山本，此一語即是無稽之談。然既有此目，亦不得不明辨。余有專考一卷矣。就今所見摹刻《蘭亭》領字從山者，其本有六：渤海藏真帖一，海寧查氏刻二，山左吴氏刻三，孫氏知止閣四，王氏鬱岡齋五，馮氏快雪堂六也。又張金界奴本，就今所見摹勒有三：吴氏餘清齋一，梁氏秋碧堂二，董氏戲鴻堂三也。董文敏自負書名在趙文敏後一人，而戲鴻堂之刻，雖有火前、火後不同，即其火前本亦已未善矣。《汲古堂帖》多臨古之作，却尚視《戲鴻》爲愈。

蘇齋筆記卷第十七

孟子歷叙三代聖王，首著「禹惡旨酒」，《周書》特著《酒誥》。蓋戒飲酒是第一要義也。禮有無算爵，聖人「惟酒無量」，此於禮言無算者，猶《詩》言「厭厭夜飲，不醉無歸」，極情文之款洽。則情非欲也，情即禮也。是特於典禮之詳、恩禮之篤，極暢言之，不如是，無以見禮儀之卒備也。正惟於微禮乃特如此言之，則斷未有日用飲食皆以此爲仿效者也。若《論語》「惟酒無量」，似是就平日飲食之常言之矣。然此是《鄉黨》一篇特書聖人之事。聖人自言從心不逾矩，若常人亦皆各隨其心之所欲，豈有不逾閑者。飲酒至於無量而能不及亂，此非監史之所能糾，非學力功候之所能到此等境地，惟聖能之。故特筆諸《鄉黨》篇也。所以《酒誥》先以「厥父母慶」一段，正謂合當用酒以致養致敬者，惟在此時耳。凡經典之言，設醴者皆當先知此義。則雖極言勸飲，實與其力戒崇飲、酣飲無二義也。乃若沉湎之久，遂至以酒爲事，至於戕生致病而不悟。以及詩家者流，動輒以詩酒爲聯事，以文酒爲常具，致有《酒經》、《觴政》、《醉鄉日月》諸編，徒啓放佚之懷，縱達觀之寄，其弊將何所底止。故坐右箴銘、家塾條規，莫先於戒酒也。

凡人每食本不應設酒，曾子養親必有酒肉，此與「厥父母慶」章同。其偶遇設酒時，亦因人因事或一及此，非貪飲也。其特遇賓筵舉酒秩禮者，則即請以賓筵之詩節之，故《賓筵》與《抑戒》同編也。「厭厭夜飲」，則詩人極言之。凡詩語固有縱言至盡之辭，如「靡有孑遺」之類，不可泥其文也。陳敬仲則云：「臣卜其晝，未卜其夜。」通繹古人立言之義，未有專舉其敦勸加禮之一邊偏言之者也。夫戒飲酒者，君子之正務，而戒夜飲，則尤宜加倍申切者也。天有晦明旦夕之節，而人之起處因之。明而動，晦而休，其常也。至夕而不休，必其有上關君國、下關身世，或有程課急務，不容稍緩者。執農桑之功，乃有月得四十五日之説，未有以飲酒占及夜分者也。旦晝清明之氣，資以應務，至夜而昏氣乘之矣。乃復以飲酒乘其昏氣，乃復以衆賓雜沓亂之，乃復以觴政拇戰喧之。且詩文皆學問事也，今必以詩酒並稱，以文酒並稱。坡公本不能多飲，至其後則詩必兼酒言之。詩、酒二字，竟成一事矣。其所係於士習風俗，豈細故哉。韓子固謂王無功有托而逃焉者，人各有應辦之正務，身世操持之閑，不知當如何刻自謹守，而顧羨彼晋末高蹈之東籬逸士耶？服休服采，慎辯乃司。其應時刻檢心，以防逸欲者，非一時非一事也。故《酒誥》之終篇，歸於乃司之爲要職，并不暇以剛制於酒，爲諄諄矣。戒酒尚恐多其詞説，而況崇飲酣飲也哉？

戒殺，尤第一要義。而世人或目爲二氏説者，非也。二氏之書與儒者若異趣，然佛經時時勸人行善，豈行善亦諉諸二氏説哉？陳啓源撰《毛詩稽古編》中有言「網罟」一條，即戒殺義也。議者羣起而駁擊之。不知經言「遠庖厨」，言無故不特殺，皆止殺之文也。杜詩：「前王作網罟，設法害生成。」此與「職貢道已喪」同一寄慨，非果謂列邦不當納貢，民食不當取川澤也。雞豚魚鼈之生，原以供人取給，特不應自我戕之耳。祀先燕賓，有不能不取諸刀几者，則以遠庖之義該之，而蝦蟹、白小之屬，以類推焉。所謂仁術，既以術言，則術何嫌於備詳哉。且人之有生，當自念一日之生即一日之福，受此一日之福即思所以償此福者，所以言學爲福者，非貪記誦之福，非矜鑒賞之福，乃謂有半頃之嗜學則可以補償此半頃之福，故曰好學爲福也。知好學之爲福，則知戒殺之爲福更不待言矣。吾有此一刻受天地清明之氣，又得有菽粟水漿之致養焉，其爲福可坐受而不知耶？乃忽有刀俎在目、割剥在目者，何爲也哉？曰爲吾饜口腹也。揆諸享此一刻之福者，安乎？不安乎？雞豚魚鼈之在世間，既皆不能免於人之取給。聖賢原不能胥天下之人戒以不殺也。惟在我自問無特殺之事，則曰獲天地之養，出其力所得之，貨以易之，厚薄奢儉，一隨其事勢之所值。而爲之不敢以私，不敢以譖，不敢以强。如是，則亦稍得以即安矣。其有事勢所值而有來盛饌者，義宜却則却之，必不宜却則偶幸邀之，豈可因有力而時時效之哉？況未必有其力而强致之哉？自謂有力而效之，不知福也。未必有其力而强效之，則獲罪矣。人生一日間，亟思轉罪爲福，而顧可陷福爲罪乎？二氏之言，尚有欲買雀放生者，蓋人知所正務矣。而使之加一倍法，即曰非中正之道所必有，然而無害也。反是以思，則凡自殺一生者，有害矣。聖人治天下，仁育義正，並行不悖也。吾之自念所生，則不敢以此觀矣。則當權於利與害增損之間，審諸禍與福倚伏之界，言必從其長，故言不可不慎。術必擇其良，故術不可不慎也。

戒奢侈，則飲食、衣服、居處，其大端也。飲食鼎俎之味，惟内則八珍，此以孝養言之。與《郊特牲》恒豆籩豆水陸菹醢之品同義，非謂自奉也。《易》「觀其自養」與「觀其所養」一義，非謂自奉也。不可以膳臁臐膮之文，例諸何曾之萬錢下筯。鄭虎臣之日用珍饌也，大約人之日用兩餐，每食不應過二味，苟能免於饑餓，則一盂之飯、一味之蔬於分足矣。每享一味一粟，當念其所自來，不可忽視也。設客不過五簋，有必應設醴者，行酒至三巡，足以備禮儀矣。每日辰巳之交早飯，未申之間晚飯，即設客晚飯，亦在未申間。過申交酉，則日將抵暮，夜談尚耗精神，而況可夜飲乎？且設客必擇精鑿美饌。饌既陳矣，而徒以勸酒，至於饌味久陳，致養者轉不得其養矣。此貪多羣飲之最害事也。且既具美饌，不過一二器，以致養致歡，賓主饜飫，是爲得之。必以爲未足，而欲極水陸之産，烹炙之巧，則何不別擇一期，再陳一二以享之，而必盡萃於一几間。人只尺寸之膚，豈能遍飫？暴殄之費，嗜異貪多，轉非所以致養之宜。此飲食以儉爲正，乃以盡飲食之利也。衣服，則敝然後改爲之，其或多備以防其敝。特偶值其物價良工省，時需以備用，豈有窮極華巧以貯箱篋者哉？即同一繒帛，其質地高下，隨所值適用者，則用之。其必精研麗製者，非所以養福也。冠履佩璲之類，皆視諸此。車馬僕從之屬，皆視諸此。至於居處，則棲身之安，原止容膝已足也。惟日用器具、書册筐篋，不能無頓置之處，則燕几之圖，非所以致華美，亦祇以養安而已。惟中霤簷隱，以蔽風雨，以就温凉，則居處有關天時之義、人之生命。星占與歲值之，宜辨方之向，不無生尅利弊。術家之言，有時而驗，則居處有關地宜之義，此皆不能置之不問者。但亦不可太過，祇可避其太甚。參諸人事，亦必不能處處曲致精研。如所謂某處安置牀帳，某日移某處者，則豈有凡事皆由人趨避之理乎？此等得其大端可矣。至若好講土木之工，侈言宮室之美者，更非所以自處耳。

金銀以易錢也，未有可以金銀制器者也。珠則更多其值，非人家居所宜用。嫁娶用金與珠，此當懸諸戒禁，著之家訓者也。唐人已有「誰知幾片雲，戴盡數鄉税」之句。婦女首飾之華，即或用店肆俗工，以箔蠟飾爲假珠，抑又何妨其與真蚌胎之珠適於用耶？適於望耶？有何區别？而必訪求數顆真蚌胎之物，區區數點之物，價至不貲，此世間第一大蠹弊也。嫁娶戒用金珠，固最其要義。即非嫁娶時，要以不用金珠之珍，不見金銀之器，爲居家祥瑞可也。

再則戒飲酒之外，惟吃煙最宜大戒。此更甚於吃酒。酒則於禮於養者原有之，吃煙則古未有也。酒能致病，而不多飲，則亦時或有養人之處。吃煙則何益之有？人之口腹，一日不食則飢。菽粟菜羹，皆經火烹飪也。然及入饌時，則其去火已久，得水火交劑之宜，而無火之形質，故可入口腹也。豈有以野草薰煙，即以其煙吞納於口腹者哉？若無人吃烟，則不種此烟草矣。種此烟草，則必擇肥美土地以種之。天下種烟草之土田，幾與種菽粟之土田相抗，而民之穀食焉得不損乎？聞昔有人建言禁止種烟草者，終以不便於民被駁，竟無人能再建此議者，其由皆起於士大夫無人不嗜吃烟，所以不敢建此議耳。致病、損財、致火災，皆由於此，吾力不能昌言禁止也。且著此義，從戒吃烟起。

饑則思食，渴則思飲，寒則求衣，倦則求臥，此皆人情之所必至。有對待相形者，而其事之用急也。惟酒與煙無對待之義，渴則思飲，未聞渴思酒者。杜詩「酒渴愛江清」，酒反致渴矣。有能舉飲酒之反而對待相形作一語者乎？東坡本不嗜飲，其詩屢言酒者，非真嗜酒也。惟元遺山詩有《飲酒》諸什，極言酒中之趣，與不飲酒之弊。凡人篤嗜一物偏於一事者，皆如此。此非詩之正也。外此無有揭不飲酒之弊者也。吃煙則更無説矣。吾於此二事皆茫然不知，不能言其所以然，然其必嗜飲酒以及嗜吃煙，甚至一刻不能去身者，則吾知之最悉。犀首曰：「無事也。」無事，則曰二者可破悶矣。無事時可以破悶，故有事時亦謂借以解煩勞，有愁時亦借以解愁。放翁嗜酒者，其詩屢言酒以解愁。忽又一詩曰：「醉自醉倒愁自愁，酒與愁如風馬牛。」

此則知其破悶解愁之皆非真矣。人自謂以此破悶耳，豈果酒之能破悶解愁乎？破悶解愁之説中於人心，而人之所以借爲破悶解愁者，則一言蔽之曰「無事」。人豈有無事者哉？自大寮庶尹以至士農工商，莫不各有日日當爲之職務。惟除却空山高隱一流不在此論耳。逸民之品，世有幾人，豈得援彼爲説？所以《酒誥》正旨歸於慎辯乃司，此則不消言戒而深於言戒矣。人之對客，亦必有商訂之正業，未有可以空務閒談，妄意雌黄，是即聖人所謂群居終日言不及義者也。知此之弊，而人皆日循正業，爲所當爲，則人皆有各盡之職事，惟日不足，而豈暇及於烟酒乎哉？

敬惜字紙，第一要義。每有僧寺設一「敬惜字紙」之所，聚收人家字紙，焚貯其灰，投之江河，使不遭人踐踏，極是好事。此亦寧得以釋教目之。人家書室，則必先有貯聚字紙之處。或以備寺廟之總集，或積久自焚，亦送其灰於河水，不可不時刻留意檢察也。寫剩之廢稿，戒其墮地。即至寫誤刮去之字影，亦必收檢包裹於一處。由散而總，總期無一字溷入不潔處。以及凡寫誤無用之字迹，不可糊窗覆醬，不可誤用翦截。又如瓷器有字者，至其器破壞後，亦宜拾聚，同字紙焚之。又若筆墨紙箋諸事有刻字者，亦宜護惜，至退棄後，必謹聚收焚之。市所鬻物，如茶葉之包、裹爆竹之記號，皆謹致護惜。爆竹燒殘尤易散棄於地，或能諄勸此等鬻市者，只用圈花爲記，不用字記，以防散落，則更善矣。今雖未能勸諸鬻市之人，則就買爆竹時先刮去字迹。包裹於字紙内諸物，包皮凡有記字者，皆用此法。扇面有書，竟成故事。其實有字之扇，防其睡卧用之。且扇有字夾藏於兩面紙間者，最防夏月枕卧，致誤入脚下，能挖補以空白紙代粘入爲妙。惟扇骨内有夾字者，扇骨之邊有刻字者，更宜慎之。再則靴内勿夾置文字，牀帳、車轎、坐褥近身處勿置字迹，慎之慎之。

因敬慎字紙而類推之書几書硯，亦所宜戒。然有用水牌記事者，果適於用，亦不能概論。且如書於堊壁，自古有之。米元章論書勸人先學題壁，豈有轉以題壁爲戒者。題壁既可，則右軍之棐几，名重千古，即削棐竊柎，亦成書家典故，則勒銘硯石，亦學塾之常事。再推之銘金刊石，豈不慮致後來之泐壞。此等總在留意敬慎，非可因噎廢食者也。

再類推之，則一粒之穀不可輕褻，一勺之水不可輕棄。凡有資於人者，既資其用，皆宜愛惜珍重，不輕視也。借人書帖，必包裹卷還之。遇有破損處，必時刻粘補之，不論在己與在人也。

戒晏起，亦第一義。《孟子》曰「平旦之氣」，清明之氣。旦晝之始，此天地與人共之者。一日有十二時，如歲有十二月。子曰「行夏之時」，夏正建寅，人道之始，故曰「夏道得天，百王所同」。唐虞亦皆建寅。聖人不舉唐虞，而舉夏時者，夏時之令具在，宜依其政典行之，非專謂月建也。後人誤會此義，遂謂唐虞以前必有建子丑者。東坡亦不詳考也。以《大戴禮記》合《堯典》「分命」「申命」四節驗之，即知皆建寅也。然商周特改建子丑，以新一代之政令，而子丑更先於寅矣。斷無有如暴秦之謬誤，至於建亥者耳。人生於寅，則一日之間平旦之氣，早則在寅，遲亦未有過卯者。上自宸嚴，每日接受章奏，披覽皆在寅卯以前。豈有内外臣工，下及士民，可不體此意者乎？士大夫日有公私應接之事，以及書塾日有課程，豈可眈翫習懶，至日高猶眠者哉？況晏起乃最不適意之事。而彼貪晏起者，轉以日高三丈之眠，自詡神仙之境。夫人明而動，晦而休，原與造化運行同其消息，故曰「嚮晦入宴息」。息者，休息之息，止息之息，與滋息之息同一義也。人之一呼一吸，謂之一息。至人之息以踵，衆人之息以喉。然而《黄庭經》云「下于喉嚨通神明」，不得謂喉間之息與踵間之息是二義也，則不得謂止息之息與滋息之息有二義也。所以説貞下起元，古人皆言終始，未嘗言始終。終則有始，終始惟一，時乃日新。人之一日一夜，即天地之四序循環，故必依其動静翕闢之序。嚮夕則休，嚮明則起，受此昧旦昧爽之清氣也。其或實有必不得已，晝營不足，至於夜分，猶繼膏晷者，亦視其事所急而應之，則次日仍宜竭勤思以早起。如是，則倘有以夜續晝之勤，而無以夜妨晝之失耳。若其貪逸樂，貪夜飲夜讌，以致併晝於夜，遂因而平旦之氣汩溷於酣寢之内。此則逆造化自然之節候，而乖人生起處之常，是悖妄而已，何神仙之有哉？日爲太陽之精，既每日周天而行，至崦嵫已後，潛運地底，斂藏竟夜，至將旦而海水蒸彩，升起天東，舉一世皆嘘噏元精，沐浴寶氣。人於此時，即應其氣候，披衣盥漱，以督所當爲之事。此人所以事天也。正當此陽升之際，而昏沈迷溺，視如夜卧之時，一朝如此，遂至日日循其怠惰而不自知。此人之逆天也。人而逆天，莫大之罪，晏起之弊甚矣哉。

交遊宜慎也。燕談宜慎也。二者皆事勢所不可少，而尤宜慎者。昔王文成《客坐私祝》之文，今人或刊傳以銘坐隅，其實所舉不深切要。士大夫苟稍知自檢，何至於客來以非僻誘我。此固不待懸諸祝詞者耳。《論語》曰：「以文會友，以友輔仁。」又曰：「友直，友諒，友多聞。」直諒即輔仁之事，多聞即以文會友之事。兼斯二義，則交遊之事全具於此矣。因不失其親，義亦該於此。輔仁内而聯情話舊，必不可少之誼，皆由輔仁之義推之，以及同官爲寮，同心結侣，咸視諸此。惟夙不相知之人，偶相值時，一言投合，輒訂同盟。又或廣招儕輩，結爲昆弟，啓聲援而滋習染，所宜切戒者爾。觴酒之徒，博簺之徒，其更甚者矣。然即其平實近正者，既相知心，亦不係乎日日燕談也。其對牀聽雨之風味，或以其地，或以其詩，偶一聚合，遂成嘉會，豈有時時以爲常者。縱談今古，亦偶一集會之事耳。人須知以光陰不易得爲要義，以職務不可須臾廢爲要義，則友道即行己之事，而可虛夸旁騖乎哉。

遊覽亦詩中一事。山川景物，原是遊目騁懷之資，自古重之。然而濟勝之具，視乎所具所接，非以縱心騁奇爲尚也。至若險峻之厓，攀鎖而上，不顧垂堂之戒，非關叱馭之勞，則何必哉？其或閒居無事，以出遊爲事，即目爲快。此與習騎習射何異？勿妨正務，則亦偶爲之耳。惟其費財而取鬧者，則演劇之事也。酒與戲相連，遂致聲與色相連，縱欲敗度，慆淫蠱惑。至於花檔小曲，迷溺尤甚。經所稱三風十愆，竟宜逐細比事，開具其目，銘几書紳，以致敬戒。

勤爲最要第一義。聖賢之學，治道之功，皆惟日孳孳，不待言矣。至於無事可營，陶侃尚以運甓習勞，錢舜舉乃以習懶名齋。詩文書畫家之流弊，一至於此，宜人人借爲鑒戒者也。要之，所謂習懶者，慨身世之無聊，姑作此語。即昌黎謂王績《醉鄉記》有托而逃，勿認爲真實語耳。然即無聊假托，亦不應如此。即以偶題齋名，亦所當致慎也。周公首著《無逸》，今聖天子齋名無逸，殿名勤政。夫人勞則思，思則善心生；逸則淫，淫則忘善，忘善則惡心生，舜、蹠之界也。日就月將，日邁月程，勞乃養安，勤乃補拙，不敢一刻自暇自逸，然後知暇逸之最不適於吾身也。

儉第一要義。儉以養福，儉以養廉，所該者廣矣。人能時刻以儉字書紳銘坐，則必不致有逾閑之事也。慎乃儉德，惟懷永圖，儉乃可期永耳。情文款洽之屬，若有不盡以儉者，惟一以禮節之，則仍寧儉毋奢之義。

所其無逸，日日在勤中也。敬以作所，日日在敬中也。戒慎恐懼，時時處處，神明鑒之。

敬勝者吉，所以夕惕乾乾也。恭則壽，所以吉祥止止也。

出言接物，制事勉學，皆一厚字盡之。所存者厚，則處處歸於正大。所期者厚，則事事計於久長。即以文藝言之，氣厚則有含蓄，力厚則有光芒。厚以載物，厚以利用，厚以鎮静，厚以培基。

雖術家小道語，亦有關至極者。如曰謙卦六爻皆吉，恕字終身可行。此非聖賢要義乎。「謙尊而光，卑而不可逾」，此二句尊與卑對言之，合言之，愈見其妙用也。其不知者謂三陳九卦，每句「而」字皆上下二字反對相形之詞，遂有謂尊是撙節者，非也。惟謙乃尊，惟謙乃光耳。卦德「謙亨」，此是真實自下之謙，非虛致遜謝之謙。虛致遜謝者，乃僞謙耳。惟其實見自己之不足，所以茹納萬有，此所以爲尊也。今有友朋數輩共語，有舉某事某義以相質者。其不知者，欲然知不足也，則以實不知相告，夫然後可以徐徐精研廣益也。此精研廣益，於何得之？於此欲然不自足之實地得之也，所以謙尊而光也。其不甘謂不知者，或捷辨思僥倖出一説以撓之，又或畏其詳究，出他辭以亂之，則終莫由進步矣。此則謙尊之反面也。子路喜聞過，令名無窮焉。豈惟仲子哉？聖人已自幸有過，人必知之，人能日來糾責所短之語，此大福也。每欲鐫一印曰：「僕嘗好人譏彈其文。」昌黎云：「笑之則以爲喜，譽之則以爲憂。」此亦座右銘也。

蘇齋筆記卷第十八

凡下筆，宜敬慎。議論偶據所見一隅，恐致涉偏畸者，寧慎之。考析偶據所見一處，恐或他處別有互證者，寧慎之。豈但已哉？即所記之事，用於詩文，偶有一點一畫未加詳者，寧覆檢而後下筆，皆慎言之義也。除非身在試席，不及歸而檢察者，不在此論。然其理則在平日，審慎積久，乃寡尤悔耳。

博考形聲，多識古文篆隸，而不可輕言復古，不可逐處泥古。且如篆書，苟非其字實見於許氏《説文》者，勿湊合偏傍，杜撰爲篆作某也。苟非其確驗於詁訓者，勿隨意傅會謂某與某通用也。宋元明詩人隨口讀入聲押作通用，皆此類之弊也。爲詩文，隨所見輒偶作一二古寫之字，混入今體。讀之，一片淆雜，不古不今。此較之不識古字者爲弊更甚。

作楷書以記事者，正也。不能字字作楷，則行草亦必有法焉。未有可隨意牽轉以爲行草者也。草書尤甚。今所傳草書閣帖，多是簡札。在今日讀者，尚須作釋文。釋文尚有同異，不知當時何以能通曉情事？往時有友自浙寄書至京，托某友爲措辦捐監入北闈事，用草書作札。其接札者讀之，不曉何事。覆札往問之，俾其作楷札來，乃可照依辦之。及其再覆札來，則已過入闈之期矣。作草之貽誤至此。

文字以記實也。下筆之誤，最宜審慎。其在於昔，則經籍寫本偶經傳失，固亦有之。然不可以意揣度，輒謂形相近而誤，聲相近而誤也。顧亭林謂永興書「反」是「及」之訛。《廟堂碑》「金册」句上。此以意揣測，非其實也。永興書「及」與「反」，形不相近也。此直似俗塾學僮不知書者之語矣。乃若鄭康成已云「反」與「及」相近而誤。《樂記》：「武王伐紂，反商。」反商者，猶武成反商政也。康成乃謂「反」是「及」字，則豈有覆言「及商」者乎？古時篆文，「及」與「反」並不相似，而漢時康成已有此誤，何也？「苟」，从艹从句者，後人作「苟且」之字，音耇。「茍」，上从𦍌，即「敬」之左半，音棘，自急敕也。二字形聲義皆别。《儀禮》「賓爲茍敬」，从𦍌，音棘，義與急相類。而鄭注誤以爲「苟且」之「苟」。至若《詩》「無曰苟矣」，《大學》「茍日新」，亦皆即此从𦍌，音棘，義與急相類。而從來皆誤讀音耇之字，是則漢時隸未變楷時，已有此失矣。何怪「三嗅而作」誤爲口旁加臭味之臭，讀作許救切。杜詩已用作「臨風三嗅」矣。開元時竟改「無偏無頗」作「陂」，讀彼，義切矣。又不知何時以「璵璠」爲「璠璵」，後人竟有押韻作「璠璵」者。不知何時以「佔畢」訛作「呫嗶」，近日朱竹垞知古學者，其詩乃押「呫呻」二字於句尾。又如「贊襄」之「襄」，豈有右旁加力者。近時人多以輔助義，用作「劻勷」。不知「劻勷」，忙迫之貌。「勷」，非匡助義也。近時有翰林前輩山東孫莪山先生名勷，竟以此字爲名，是誤認爲贊襄義也。又如「夢託」之「託」，近人皆寫「托」，「蹤迹」之「蹤」寫「踪」，並無此字。「考證」之「證」寫「証」。其或市井之流不知文義，訛誤相仍，不足怪耳。藝林下筆，豈可不慎。米老初名黻，黻即市字，市即芾字，故其元祐六年以後改字芾，仍即黻也。其下半市，與「市井」之「市」一點一橫者不同，而書家多不知之。此又詳見下條。又如趙文敏書「皃」作「完全」之「完」，其意蓋謂得自《黄庭》「皃堅」字也。不知《黄庭》「保守皃堅身受慶」，謂貌堅而身慶，皃即貌字，非「完」也。自法帖墨迹沿習日積，中間承譌不知凡幾。大約隨手之變，筆情所到，偶有小異者，苟無戾於形聲，亦可無用滋議。惟其小變而别是一字，則宜慎耳。昔者吾友餘姚盧抱經，知研究訓詁者。一日，謂予曰：「凡溪名多是水旁。劉須溪之號，溪上一字从彡，其信然邪？似應詳考，恐是『湏』字也。」予無以應之。其後予視學江西，按試吉安。試日，與儒學官考析地志，詢以此郡劉須溪之號，溪名須，何也？一生從試席起而前，曰：「生知其處。此水本名龍鬚溪，其後省『龍』字，稱『須溪』也。」惜抱經未得聞此也。此生姓陳名黄瑞。故知凡有疑字，且勿以己意斷定之。

《説文》五百四十部，每部所屬諸字，皆許祭酒所序次。尚有部首止一字，其下無所屬者。

宋初徐鉉等校定，已謂詞簡義奥，不可周知。而李燾以五音重加編次，於部首之字，既更其次，於每部下所屬之字，又更其次，則竟非許氏原書。是以學者謂《説文》五音本非《説文》也。然徐鉉當日嘗屬其弟鍇以部首之字，依五音編次之，名曰《説文韻譜》。是固已慮及後人因檢查之勞，致有改次之弊。故先爲此五音之譜，欲便於檢核也。然其書世所罕行，且於每字下僅指一語訓解，則讀者仍須按譜而覆檢之，不能免於覆檢之煩，徒多一訓解之緒。不若就今楷書檢字之部首，每部下注明在《説文》第幾卷幾頁。其今楷無此部首，惟《説文》特著爲部首者，則亦用楷書開目，於每條下注在《説文》第幾卷幾頁。如此只作檢字之目，不另名《説文》之譜，庶有檢查之益，而無覆檢之弊也。許氏原書第十五卷第曰「太尉祭酒許慎記」，其下篇之文另著「叙曰」，則其上篇初非叙也。而傳刻《五音》本不著李燾序，李序在魏鶴山《渠陽雜鈔》。而載此許記以爲《五音》本之序，致使讀者竟誤以爲許氏原書如此，則又後來刊板之失也。不若以許氏原本再開寫楷書檢目，則李氏所編《五音》本自無所用之耳。

形聲義三者，守許氏之書，知六書之要，則後人所編《六書故》、《六書正譌》以下諸編可無庸矣。惟徐楚金《説文繫傳》與《説文》相輔而行，而其書在宋已是不全之本，今有傳寫者，皆此不全本也。然世無二本，聽其湮没，又不如就此殘本存之。歙人汪秀峰啓淑願出貲刻此書，時陳竹厂以綱、桂未谷馥爲之校勘，即用今寫殘本刻之。中間如第二十五卷原闕者，今所寫是後人用徐鉉校《説文》之本寫入。徐鍇《繫傳》用朱翱反切，每條云某某反。此卷乃用徐鉉校《説文》孫愐反切當之，每條云某某切。此則顯然非《繫傳》之原本，而卷首仍云朱翱反切，議者或竊笑之。其實此等處，人所共知，亦可無庸斷斷致辨者耳。

《儀禮·士冠禮》注：扃，今文鉉；鼏，古文密。《士冠》、《士昏》諸篇注同。據此則扃是鼎扛也。舉鼎之具，以木貫鼎而舉之。《易》作鉉。扃，古熒切。鉉，胡犬切。《易》之鉉，即《儀禮》之扃也。又《士冠禮》「鼏」注：古文鼏爲密。不聞與鉉同也。而《説文》「鼏」下云：《周禮》：「廟門容大鼏七箇。」莫狄切。乃以扃、鼏爲一事歟？「鉉」下注亦云：舉鼎具也。《易》謂之鉉，《禮》謂之鼏。是《説文》竟以扃、鼏爲一字矣。鄭康成生於許祭酒作《説文》後二十九年，許氏未知《儀禮》鄭注「扃古作鼏」之文，則豈許所見《儀禮》「設扃鼏」是「設鼏密」乎？鄭氏此注，《士冠》、《士昏》、《士喪》、《士虞》諸篇所同，必非鄭之誤。第不知許氏何由而誤，合鉉與鼏爲一事，是誠不可解也。段氏玉裁謂鄭以鼏从冂、鼏从冖二字連文。今鄭注具在，實未嘗以此二字連文，不必因爲許氏斡旋，而反誣鄭也。惠氏棟又以《説文》金部「鉉」爲後人妄加，不知「鉉」下注云「《易》謂之鉉，《禮》謂之鼏」，正與鼎部「鼏」下引「《易》『玉鉉』」，《周禮》『廟門容七箇』」相應。據此則東漢時直目《考工記》曰《禮》，非指《士冠》、《士昏》之篇曰《禮》也，安得以爲後人妄加乎？段所謂从冂音坰之鼏，特據《洪武正韻》有此字，《説文》、《玉篇》諸書未聞有此从冂之鼎字也。況《正韻》「鼏」亦音莫狄切，即使有此字，亦仍是鼎覆而非鼎扛，況並無此字乎？何必曲爲許氏之偶誤一字，多其詞説乎？

鄭康成於諸經每云某讀爲某，孔疏謂之破字。此所謂破者，改讀也。李義山《韓碑》詩：「文成破體書在紙。」此所謂破者，即此字而下筆時小變其勢也。徐氏校《説文》云：「篆文筆迹相承小異。」篆尚有之，況於楷乎？歐陽子答石徂徠書謂書必有法，而不取鍾、王、虞、柳之書。此則似專以六書形聲謂之法耶。綜而論之，六書形聲自是書法之所從來，而書既云法，則法不僅以六書形聲盡之。晉唐以來，既隸變楷，則柳誠懸云「心正則筆正」，即法也。用筆既以正爲定矩，則《晉書》贊右軍「勢似欹而反正」，安得謂非法乎？篆之筆迹小異，無害於六書，則楷之破體小變，豈害於書法乎？所研析者，懼其致歧耳。致歧，則形近而別一字，大不可也。如六朝人書迅、訊字，每以右上彎折之起筆懸於上作乁勢，乃以撇畫之作九，而其下十離開作勢。此則有似於「卒」之變爲「卆」。以致《詩》「有鶂萃止，歌以誶止」，訛作「訊」矣。此則其漸不可不防者也。虞書《廟堂碑》以「槐市」「市」字作「巿」。至張旭《郎官記序》，「美」下作「乂」，「美」下「大」既變「火」，「火」又變「乂」。此後成何書勢？且勿論六朝造像記及北魏、北齊諸墓志之雜體互出矣。大抵書法以六書形聲爲第一義。字内之平直磅礴、結構架局，亦即次之。字内之疏密起伏、縱斂顧盼，亦即次之。再則，既承隸變爲楷，則方矩、圓神二義兼焉，必無趨米、董以下之專務行書以圓爲正體者也。正楷，晋人蕭疏簡遠，無迹可程，唐則結構以方矩爲準。其精能獨擅者，自必運以圓神，即其專守方矩，且依界格爲之，何傷乎？中間如昔人所論豐左病右諸勢，多看古人正矩之帖，當自得之。而其易涉流弊之處，亦即隨步審量而自喻之。即如柳書極見骨力矣，而水旁左點第三點，必用重頓脩長之勢以蓄放之。吾同年友梁山舟每稱柳書此筆是能用弱毫之驗，是則徒啓流弊耳，豈偏傍之正局哉？且如歐陽率更書「須」作「湏」，而水旁「湏」即「頮」字。昔吾同年盧抱經語予：「劉須溪别號既以溪名，恐是『湏』字否？」予無以應也。及予按試吉安，叩諸廬陵士人，乃知其地本名龍鬚溪，後省作「須」耳。又如率更書「京」作「京」，此即沿「九原」誤「九京」之漸矣。「須」「湏」、「京」「京」之不可通假如此，則破體可勿慎諸。

黻字兩用。黼黻之黻，兩己相背也。韍膝之黻，韠與市、韍、紱皆通也。《春秋·桓二年傳》「衮冕黻珽」，韍膝之黻也。又「火龙黼黻」，兩己相背之黻也。孔疏甚明，是黻與韍、紱同。此黻字而蔽膝之黻，芾、市、韠、韍、紱相通者，與兩己相背之黻不可通也。米老名黻，字元章，是章服之黻。其印篆作㐂，是兩己相背之黻，而後米乃自寫爲芾，則又是蔽膝之黻，與兩己相背之義異矣。此米之失考也。朱竹垞詠米老名篆詩：「十粰彙開見八八，兩己相背無孤邪。」「八八」是米粰之象形。此在《説文繫傳》注非七八之八。昔疑竹垞詩不宜以八八爲句，乃其下句「兩己相背」，若以詠米原名黻，則可耳，而其所詠是「辛卯米芾」四字篆，則竹垞亦未之詳考也。且「兩己」云者，篆形亞相背，非人己之己。此與米字「八八」皆象形而非聲。竹垞此詩上句以爲七八之八，下句以爲人己之己，皆非也。經籍板本又有訛爲弓者，更非矣。此亞象形之字，又有板本訛爲亞者矣。又米書「芾」字，下「市」以中直貫一横而下，與市井之市，上作一點一横者亦别。每以此辨米迹之真僞，其僞作者皆不知此義。然而虞永興書《廟堂碑》「槐市」字，乃一直貫一横而下，則是分勿切之市，非時止切之市矣。唐初書家已失考如比。

陳章侯洪綬以「東皐老蓮」四字鎸印，後乃悟「陳」字右邊是「東」非「東」，於是毁去其印。徐文長渭乃以田水月爲别號，不知「渭」右邊「胃」，上非「田」、下非「月」也。醫書有云：脾胃字皆有田在内。不知「卑」上非田，「胃」上亦非田也。然古樂府已云：「藁砧今何在？山上復有山。」以爲「山上有山」是「出」字耳。不知「出」字上半雖似山，而下半非山也。字體之不講，蓋非一日矣。

《商書·微子》：「我其發出狂。」「狂」字作癲狂之狂解，非也。《史記》作「我其發出往」，鄭康成注亦作「往」。「往」與「王」形相近而訛也。《詩·大雅·板》之卒章「及爾出王」，「王」即「往」字，亦非音往、訓往也。陳氏啓源以爲《釋文》無音，孟蜀石經以前，此經當爲「㞷」字，是也。《説文》「㞷」：从㞢，在土上，艸木妄出也。與「出王」句義正合。凡此非改經字，是後人傳寫之失也。蓋經籍傳寫之失，其來已久矣。論語「三嗅」，是口旁狊，在《爾雅》須屬。而杜詩已有「臨風三嗅」之句，陸氏《釋文》亦音「許救切」矣。

相承訛字，必其來處有所因而致誤者，尚宜酌改。若沿訛而用之，則不可矣。來處不誤而自我誤用，尤不可也。如近日王漁洋《焦山鼎》詩，以「敦」作平聲，此大誤也。若「燕尾涎涎」訛作「涎涎」，則俗本訛誤耳。至如山谷押「九京」入庚韻，豈未見陸氏《釋文》「檀弓九京」云：「『京』，蓋字之誤，當作『原』。」既有此釋文，則「九京」豈可押韻乎？歐陽率更書「京」作「京」，想必前人隸書「京」字有於内多一小畫者，亦可見六朝以來破體太過，不審其原。此乃是貽誤後學耳。若杜詩用伏勝作伏虔，押入先韻，或記憶偶疏也。至於「三鱣」，「鱣」之或通「鱓」者，「鱣」本平聲，而既有一處偶與「鱓」通，則即使寫「鱣」，亦仍應讀蛇鱓之鱓，豈可押入平聲？是則其平日已讀《楊震傳》「三鱓」爲平聲矣。杜之「三鱣」、山谷之「九京」，不得因其在大家詩中而曲諱之。漁洋押「敦」同此。

文字精神自託於不朽者，雖一家一時之作，而千古以之，即如永和脩禊臨河之作，亦偶然耳。乃至後人撰《蘭亭記》、《蘭亭考》，千百家之論辨出焉。唐宋以後，法帖滋多，遂有《法帖》、

《譜系》、《石刻鋪叙》諸作，若一家一事之作，如唐以後寺觀之碑、墓志之屬，不可縷記。而貞觀所立孔子廟堂碑，即以虞世南撰書，亦實唐初名筆，何況在聖人廟堂哉。而後五代時節度使王彦超，一武人耳，却能重立此碑於唐石既湮之後，惜無年月及摹書者姓名矣。又宋時不知何年，亦有人依貞觀石刻所據原拓在王節度本所據之前。重勒一石，視王節度所摹刻神致清挺。雖稍瘦削，而其見真處，乃十倍於王節度之重刻。此石又不知何時墮水。至元朝至正年間，定陶河決，乃剔出之，虞堪勝伯爲作記。此石多年在山東曹州府城武縣學，城武即古定陶。又無過而問者。坊賈拓碑流傳，亦多是陝西碑林王彦超所刻一碑，而不知山東城武縣有是碑也。方綱視學山東，亟擬謀移此石植諸曲阜聖廟。惟以何焯諸家評論謂此本瘦削，不及陝本精腴。蓋從來諸家皆未嘗見唐貞觀原石，是以久遲疑未辦此事。及前年，得親見元朝康里氏所藏《廟堂碑》舊裝册唐拓原本，始知城武本之得真，可以證陝刻之失。因致札山東巡撫陳公預，移立此碑於曲阜。適值曲阜正在修葺聖廟，遂於城武移立此碑，植於曲阜殿庭同文門下。其碑石僅厚四寸許，同文門下不能另建碑亭，因磨石作二柱，夾於碑兩旁。方綱書移立此碑歲月於柱，又撰《廟堂碑考》一卷。方綱與諸同人賦詩記事，庶得永垂無斁矣。

爲文作古字，如宋吕東萊《讀詩記》。近日陳長發《毛詩稽古編》多用古字寫之，其實可無庸也。近日江聲自撰《書注疏》，用古字寫之，益不足存矣。即以吾友嘉定錢辛楣精於考據，其於認識之「認」，必寫「仞」，此是據依《漢書・儒林傳》「喜不肯仞」句也。按，《漢書》注：「師古曰：仞亦名也。」上句「喜爲名之」，師古曰：「名之者，承取其名，云實授也。」則承受其名指以實之，是即「認」字義也。又《列子・周穆王》「夢仞人鹿」，《釋文》：「仞，一本作認。」此外他書別無以「認」作「仞」者，則惟《漢・儒林傳》與《列子》此二處「仞」字如此耳。豈必凡遇「認」字皆寫「仞」乎？若唐彦謙《齊文惠宮人》詩「認得前家令」，若寫「仞」字，豈不使人疑怪乎？此則好言復古之甚無謂者也。偶見錢辛楣文引《大雅・烝民》之詩「古訓是式」，竟改寫「詁訓是式」，此則不可。古，故也。毛《傳》、鄭《箋》皆同。《箋》謂先王遺典，曷嘗作詁乎？《爾雅・釋詁》《釋訓》，專摘字義詁訓之。此固即在先王遺典包括之內。然而先王遺典，則方策經猷、禮樂政教咸具焉，豈有專指詁訓字義者哉？邵氏二雲作《爾雅正義》，於《釋詁》引此句。若就先王古訓以函該詁訓之指，未爲不可。若必指實《大雅》美仲山甫能深究解六書形聲，則豈可哉？近日學者不甘囿於章句時文之習，知研審六書形聲，是樸學考訂之集益也。若必處處皆以執泥六書形聲謂之古學，而轉於讀書大指忽焉不深省，則其流弊又不知胡底矣。博學與慎思，正須並用耳。

由古文而篆，由篆而隸，由隸而楷，自是天地運會，與人事相因而生。是以由質而文，由簡而繁，文字孳乳而漸廣，則事類亦與文字日相遞衍，自然不易之理勢也。且篆有必不可移湊偏傍爲字者，則後人欲專以篆書爲文者，必至於强其所無矣。且即分隸亦不能全用以寫長篇之文，况於篆乎？居今稽古解字形聲，必溯其原，此善學也。若必字字悉從復古，則爲不善學也。是以篆隸用於題扁，用於題卷端，則足以見敬事記實如端拜釋菜者。此亦足矣，斷乎不可如近日江聲之自撰《書注疏》，自以古字寫刻成帖者，是乃爲學之正務也。

即以文章格制必以平正爲務。韓文公云「怪怪奇奇」，此特爲文家立言，戒其日趨坦迆，則相率爲浮靡陳言耳，故曰「《易》奇而法」。《易》何嘗奇哉？學者不知精心研究古人立言之實際，但知古人有矯變出奇者，則悦而效之。此須視其所得何如。果其根柢深厚，則筆勢之奇變，原所應有。若不務探本原，而徒騁好奇，以爲矯然自立者，非正也。

詩所以必推杜爲至極者，以其真切深摯處直接《三百篇》，所以爲風雅之正也。中晚唐以下，則日漸弱下矣。非其故趨於弱下也，本之不立故也。若不知此義，而但見杜之雄渾壯浪，輒欲學其貌而爲之，此李、何一輩之大謬也。凡事不揣其本，而徒逐其末，未有不顛躓者也。

即以今日爲時文言之。此體平正質實，而又不若注疏講章之體，又得以用古文家數筆意行之，實爲帖經之準式矣。若再增華縟，或務奇異尖新，以啓流弊，則斷不可也。若近日遇平正單句題，變八比、六比爲前二比中一段後二比者，及夫雕琢纖巧對偶以逞奇麗者，及夫無情無理之截搭題以巧麗爲能者，凡在有司衡之責者，當與學人共矢箴銘，切戒之。

《詩》「往𨑨王舅」，猶之《書》「往哉汝諧」句法。「𨑨」，《説文》「與『記』同」。不知何時訛「近」，板本竟作「近」矣。此宜亟爲訂正也。然「𨑨」與「記」同，而党懷英篆《博州學記碑》額，篆作「𨑨」，則又過泥復古，可無庸也。

裝潢之「潢」者，去聲，即今俗名漿糊以粘書籍者。陸放翁詩「搗蘗夜潢經」，即此字，然已讀爲平聲矣。然即使讀平，與銀潢、潢池字迥別也。近時朱竹垞集乃有「裝池」之語，今多沿用裝池字，此則誤也。裝褾卷軸，有「贉池」之語，此則池非裝義也。唐人詩：「春寒到被池。」凡物之邊幅，名池也。與裝潢義無涉，豈可歧混。

蘇齋筆記卷第十九

有友夙頗嗜學，而自諉曰精神不足，因告之曰：學所以裕精神也。人之聰明知慧，與其形神啓處相資爲用，相輔而成，未有聽其頹然疲苶而自謂養安者。禮以養人爲本，惟學亦然，故曰好學爲福。夫人日受造化清明之氣，此即人所日享之福也。有公私職務以當之，則不得不盡其所當爲。然而飢則思食，渴則思飲，病則求藥。未有臨當飢欲思食，渴欲思飲，而諉諸精神不足，置羹飯於不理者。未有臨當召醫問方，而諉諸精神不足，捨藥劑而他及者也。爲學之功，與飢之賴於得食，渴之需飲，病之需藥，一也。然而羹飯之充腸，饜一時耳，藥之對病，補一缺耳。學則所受無方，爲益無窮，而其在己則與救飢、救渴、救病正等。人之聰明知慧，日以書卷浸灌之，則其形神啓處，久而與爲合一，是即吾身所應有之實際。有此一刻之力學，即稍得以酬答此一刻所受天地清明之氣。神明在上，萬象在旁，可以省身，可以檢心，可以思補過，可以集多益，可以稍免此一刻之慚愧而已。況即以養生言之，流水終不凍，户樞終不腐。昔人尚有無所事而運甓習勞者，人豈有無所事者哉？日就月將，日邁月征。「無有師保，如臨父母。」

即謂觀其所養，觀其自養，無二義也。即謂緣督爲經，可以養生，可以永年，無二義也。

好惡出於性情，一而已矣。至若《文章流别》江文通云「嗜甘者忌辛，好丹者非素」，固未可一概量之。然而文章千古公事也，豈得以私臆界别之乎？如近時王漁洋不喜白香山詩，朱竹垞不取黄山谷詩，此則江文通「甘辛丹素」之喻矣。此二老所見，自是各局於一偏，非正論也。然香山詩亦實有過近平直，如村劇唱梆子腔、乞兒打蓮花落之類，時亦不免。無怪漁洋之高談陶、韋、王、孟者，視若凡近也。平心而論，自仍是漁洋過執古淡爲宗，遂欲吐棄一切。此則究非香山之過，而漁洋之過也。竹垞於山谷雖不同調，而山谷之深得杜法，豈竹垞竟不之知？惟是山谷多用逆筆，遂若專以刻峭矯厲爲家數者，是以竹垞不愛之。此亦非山谷之過，實竹垞之過矣。惟至漁洋譏杜《八哀詩》，則是其平生論詩最輕肆不公處，凡今後學皆當切戒者。爾乃更有訛誤者，如近日陸陸堂論杜詩，以其開宋元之格，目爲罪魁。此則不通亂造之極，小人無忌憚者也。且即使杜詩體大，無所不包，宋元詩格何嘗不含孕在内，然宋詩元詩豈得謂皆卑靡乎？聖人六經何嘗不下開子史諸門逕乎？不比竇臮之論書，目褚河南澆漓後學之罪；元遺山論蘇詩，有滄海横流之歎也。元遺山論坡詩，竇臮論褚書，予别有詳説。陸堂集中又謂石鼓文不雅馴，且執馬定國所妄拟後周之説，并敢疑其九鼓又非後周時作。此則與近日吾同年蔣心餘詠焦山鶴銘，駁斥注疏考訂之弊，皆妄逞私臆之談。《詩》云：「自有肺腸，俾民卒狂。」天地間竟有此一種狂妄語。昔宋李覯非毀《孟子》，其説尚淺；歐陽脩毀斥《繫辭傳》，則其説更荒謬。荀子何至有性惡之説，想必嘗見有類此等人而作耶？即使荀卿果目睹此等人，亦何至撰《性惡》一篇？此又自是荀況之大謬。然人既讀聖賢書，則擇言而出，尤立身之要義。故因見陸奎勳之《陸堂詩集》，不禁爲之髮指，不得不爲學侶言之。韓洽、顧炎武、全祖望，皆祖馬定國説以疑石鼓。愚已詳於《石鼓考》。

楷書以晉法爲祖，晉法以右軍爲宗。右軍楷書，以褚河南所録目，舉《樂毅》、《黄庭》、《東方像贊》三者爲宗。《黄庭》、《東方贊》二種，世所傳久無可據之定本。惟《樂毅論》，則宋時二本尚有真影在也。其一本不全者，高紳家所藏海字本也。此本真影惟越州石氏刻本耳。昔在宋時，梅聖俞、王順伯皆有奇絶之目，宋末又經翻刻。今得見者，文氏停雲館之第二本，即此不全本。宋末翻刻者，文氏入石時，又脱失其最後三短行，竟亦莫知其爲海字本矣。章仲玉以王百穀所藏，重摹刻於墨池堂。雖經再摹，而於石氏本纖毫惟肖。近日何義門謂石氏本廉隅風韻具存，視文氏刻有死活之别。不知文氏是從宋末博古堂蓋宋末坊間刻出，惟章氏墨池堂刻乃是越州石氏本耳。此海字本在宋時已極貴重之。然實不及元祐秘閣帖所刻《樂毅論》全文之本。此全文本未詳其所自來。然右軍用筆，似欹反正之秘，皆可想見也。此乃實是處處提筆，筆筆中鋒，可謂幽深無際，古雅有餘，測量棐几之真，未有過於此者。元祐此石，元符間刻成，其後又翻刻於越州學舍，則筆畫微覺瘦細，而形神皆到，不減元祐本也。又其後不知何時又加翻刻，則位置悉同，而筆多趨圓彎矣。實則宋時所稱海字本，其筆意已皆趨圓彎，顧鋒穎清利耳。高紳學士所藏海字本石，後歸郎官趙竦，趙後歸錫山徐氏，王順伯猶及見其石。北宋百餘年間，諸家珍護寶傳。然此石蓋特出於唐後摹傳，以圓美取勝，實未若元祐秘閣所刻全文本之得真也。元祐秘閣本重刻於越州學舍，爾時未知越州石氏之刻，嘗相印證否耳。乃石氏此不全本，至宋末博古堂重刻後，直至明朝有長洲文氏、章氏刻也。而元祐學舍本，其後又翻刻者，則又有人蓋或宋末或元明間以絹素就其位置又加臨寫，則字形略存，而筆全改圓。至明吳廷用卿得其迹，取以上石，爲餘清齋本。其同時邱子愿、楊不棄跋贊之。董文敏目爲梁摹真本，近日良常王若林亦推賞之，惟清河張丑米庵知其爲宋元以後所書。蓋宋元以後書家用筆破觚爲圜，漸失古意，不知追尋晋法。即其能高談晋法者，惟以蕭散簡遠爲虚贊，而不知正楷之矩、正鋒之秘，全於提筆見之。此亦如文家力追古，始其言有物，乃可行遠。唐人仰師晋法，虞、歐爲先。虞之高秀，歐之方矩，皆於深穩凝正得之。褚師大令，而大令之《洛神》實得右軍「書付官奴」之緒。《洛神十三行》亦惟越州石氏本尚具風格。不知何時有以圓腴臨出者，爲毗陵唐氏所藏本。董文敏亦稱海内之冠者，猶夫稱吴廷餘清齋本云爾也。夫山陰一家法耳。説者或謂子敬不及逸少，猶逸少不及元常，此當分别觀之。鍾所以在王前者，不獨時代限之，亦以古隸初變楷，是乃鼓篋祭菜之義也。若右軍之於楷，則神出古逸，千萬世一人而已。大令雖云漸就外拓，而神明之理具在。至唐竇臮《述書》，乃於褚有澆漓之歎，似立言稍過者歟。有唐一代，書家皆承褚之緒餘。即至宋之蘇、米，亦皆由大令、羊、薄以下漸演迤焉。豈得目褚爲澆漓之漸哉？且褚於右軍楷，首舉《樂毅》，則蕭阮以來，師承有自。右軍晚年書得力於周京岐鼓，今縱不能由晉法以返渾樸，求篆隸之遺意。而《樂毅》一帖是右軍平生楷法獨存之詣，又豈可以後世沿習不慎之澆風雜入之耶？故因論一楷帖，而學術風會之原委於此寓焉。書豈僅一藝也哉。

褚河南於中禁西堂品定右軍書目，正楷推《樂毅》、《黄庭》、《東方像贊》。此千古楷則也。《黄庭》、《東方贊》亦皆在元祐秘閣帖，今不得見。然今所傳《黄庭》，尚是秘閣本之遺。如鼎刻亦即其本，即《停雲》開卷之本。雖已是宋人重摹，亦是秘閣遺緒。惟潁井之鎮海本，及吴氏餘清齋刻《黄庭》，則非矣。《東方像贊》，宋末重摹之本亦尚具晉人遺意，但作「頌曰」，「曰」字是「焉」之訛。又「庭序」「序」訛「厚」，「冲和」「和」訛「私」爲謬耳。其又別刻者，則更不逮此。《洛神十三行》，越州石氏本宋末又經重摹，然尚亦具有遺矩。若杭州玉板本雖亦自宋末刻本出，而已失真矣。唐荆川藏本有孫文介重刻，玄晏齋本亦稱奪真。其後又屢有摹刻，東昌鄧氏、武進趙氏。皆從唐本出。此在董華亭所最推賞，而究非大令原迹矣。越州石氏帖所刻晉唐小楷，多是後來文氏停雲所自出。何義門云：《停雲》之十三行，别是一肥本。然其所謂「别一肥本」，亦仍自石氏本出。「嗟佳人」，「人」字右捺太縱長。然此刻尚在荆川本之上也。楷存晋法，《樂毅》秘閣本、今《停雲》之前一全本。《黄庭》秘閣本、《洛神十三行》石氏本，三者約具之矣。略展爲中楷，則趙子固云《化度》、《廟堂》、《醴泉》，其居要矣。再展放爲大楷，惟山谷以《瘞鶴銘》爲定矩，則所謂大字結密如小字者也。小字開宕縱横如大字者，則《樂毅論》是也。薛純陀《砥柱銘》、顔魯公《離堆記》，屢訪求不得見。顔大楷每苦行間布白太擠密，究非正也。第以行筆拓開正矩，出於大令耳。用大令筆意開拓至此，始不得不推張旭之《郎官石記》爲善矣。然而《郎官記》專一質木，豈能與《化度》、《廟堂》、《醴泉》較量乎？再上而丁道護《啓法寺碑》，亦不及《常醜奴志》也。唐楷大字若柳公綽書《諸葛祠記》，若張嘉貞書《北岳廟碑》，若王士則書《李寶臣紀功頌》，或參列附焉，亦非全美。褚《三龕記》雖云能兼隸法，亦以板質。若以隸意品楷，則又不若李北海《端州石室記》矣。必欲舉唐楷以求晋法，惟有《化度銘》耳。

昔衛恒作《書勢論》，書勢者，即書法也。歐陽子謂書必有法，而薄鍾、王以下爲嘗茶看畫之類。書固一藝耳，品茶品畫，豈無譜乎？是即其所謂法矣，何獨於書之法而歧視之？歐陽乃獨以字體之从某，偏傍之从某，謂是書法。此固書法所由立也，而書法不盡於此。且今言書法者，楷法也。然書自楷以前有篆，有分隸。徐氏校《説文》已言筆迹相承之異，是篆已非一家之勢也。隸則漢碑，人各自爲體勢，況於楷乎？故凡言書法者，必合其結體布局，疏密橫直之勢而言之，必兼合其行筆、運意、矩度、神致言之，而後其爲法乃備也。如專取字體、偏傍以言法，則試問：謹依《玉篇》、《説文》之形體，而使村夫市估以俗筆寫成之，可以言法乎？故就今楷言之，則必右軍、大令之矩矱，則必虞、歐、褚以來之傳摹，然後謂之法也。夫是以薛尚功《鍾鼎款識》謂之法帖也，王著編次《淳化閣》石刻謂之法帖也，未聞第舉《説文》、《玉篇》謂之法帖者也。惟《款識》篆之有待於詳考者，則後人不得執泥薛摹而誤會之。閣帖草之有待於詳考者，後人不得執泥《淳化》、《大觀》諸刻而傅合之。是則法自有定式，而用之者當慎所擇從，期可以言法耳。

知書勢即書法，則其勢之橫直方圓，疏密布置，將何以程式乎？曰一言蔽之，在骨力而已。骨力既得，則格在此矣，勢在此矣，法在此矣。今以方圓言之。方矩，骨力易見；圓規，骨力難見。若然，則歐書有骨力，虞、褚無骨力矣。夫方折易見骨力者，其貌耳，非其神也。評歐書者，或又謂體方而神圓，然豈有離體以言神者？歐書特自以方矩成，而歐以前諸家骨力，於何辨之？故骨力非方勁之謂也。杜之詠篆分也，「苦縣光和尚骨立，書貴瘦硬方通神」，蘇詩乃曰「杜陵評書貴瘦硬」。此論未公，吾不憑。不知圓亦骨力也，肥亦骨力也，不可以歧視者也。顧方體骨力易見，人皆效其方矣，能效其骨力乎？圓神難以見骨力，則書作圓體者，謂之皆無骨力，可乎？大凡仿效文字，每患襲貌而遺神耳。究其實，坐在自己原無骨力耳。且如近日重摹歐帖，如海鹽所賣《姚恭公墓志》亦具方體也，謂之有骨力，可乎？《樂毅論》海字本，通體圓逸也，謂之無骨力，可乎？惟至吴江邨刻於餘清齋之《樂毅論》，則其原迹仿書於絹素者，却亦何嘗全無骨？而鐫石於餘清齋，董、邢推舉以示人者，多乃行以帶轉之姿。至如其後幅「何以殊哉」，「殊」字左半原空，無敢補也。此乃以圓逸之帶筆出之，弱劣甚矣。而近日王蘅林尚推吴江邨本爲右軍楷迹，以此示後學，其爲流弊可勝既乎？然越州石氏所摹海字本，圓鋒逸韻具有之，却亦非無骨力。而不善學者，至與江邨《快雪》之《樂毅》同類而語之。今所行《快雪》皆重刻也。其劉雨若原刻初拓，極豐腴，勝今行本，亦可與江邨本次比。而其重刻，今塾童家家習之者，直是吏胥抄寫之字。乃若元祐秘閣《樂毅論》，摹此位置結構，初非用方折，而其骨力天然，處處提筆，是何古今人不相及至於此極也。再以小字與大字言之，大字易見骨力，而小字難見也。小字之近方矩者，尚若易見骨力，而其圓者愈難見也。究其所以爲方圓者，非真方圓也。真方圓矣，方固骨力，圓亦骨力也。米海岳自叙平生學書於小字所不取，則是全於大字見骨力神理也。董文敏大書骨力、神彩兼有之，小楷則竟有望而不知爲董書者。其知之者，則曰此似平近而實高古也。然則董之自命直到古人，而不以結構匠矩爲斷斷也，以此爲高視衆流耶？夫書由隸變楷，而漢時已有草書。行書則酌劑真草而適於用，豈得不上下揆合原委而定之?吾謂隸以《鄭固碑》方矩爲正,合諸《韓勅》、《乙瑛》、《孔宙》三碑,而矩法備矣。推此以例其餘可也。

草則有篆隸意而全變之,有楷意而全變之。孫過庭草者,《書譜》之序耳,自當有一書詳定之而未見也。《十七帖》則視閣帖之多收連綿體者較有實際耳。行書後出,則右軍《蘭亭》、《聖教》也。《聖教》既集右軍,則自閣帖所收二王以及諸家行草,皆應取米老集字之例,精擇而摹傳之,於每字下注出某家某帖,庶幾行草之勢乎。惟正楷則必確守山谷二言「大字《瘞鶴銘》,小字《樂毅論》」,千古定矩也。又必確依趙子固三言「曰《化度》,曰《廟堂》,曰《醴泉》」,千古定程也。然則其言勢言法,合歸於骨力神韻。一言以束之,則昔人論徐鉉篆,謂於日中照之,其畫内有一線之中影在焉。此則骨力神韻之所以然也。蘇詩固嘗曰「字外出力中藏稜」,又曰「細筋入骨如秋鷹」,是則即杜詩「瘦硬通神」之謂矣,而又奚以異説爲哉?

説不申則易歧。楷以《樂毅論》爲正,則王箬林論楷首推《樂毅》,以《洛神十三行》佐之,又及於高紳學士之《樂毅》海字殘本。是則右軍正楷之法具矣。然而必析言者,箬林所謂《樂毅論》,乃吴江村餘清齋本也。餘清齋之《樂毅論》,不過較勝於快雪本耳。然快雪原石初拓亦頗圓腴,吴刻不過可以下壓今時所行之翻刻快雪本耳。其實《樂毅》所以爲正楷之宗者,必以梁摹本爲程式，是乃得與大字《瘞鶴銘》並懸爲古楷之正也。即海字殘本之圓腴，亦非餘清、快雪諸本之圓腴可比也。而董文敏方且以餘清本爲唐馮承素摹六本之一，不思唐摹即出於梁摹，而可妄以吴刻餘清齋本當之耶？此所謂舛也。即《洛神十三行》，董文敏、王篛林皆推唐荊川家藏本爲海内之冠。不知荊川本雖善，特宋後重書耳，豈若越州石氏本存山陰矩意哉？且即篛林所説海字本精華銷乏，是亦止見宋末博古堂再翻本。博古堂是宋末坊刻，即停雲本。後人以冒充越州石氏本，而越州石氏本初不如此。此三帖皆正派，而所説皆岐誤，尚可不申析之？

越州石熙明家刻帖，頗皆有緒。惟所刻褚小草《陰符經》非真。其刻《樂毅論》海字本，是高紳家石本也。高家石本至南宋末，王順伯見於錫山徐家，已云微見字有不復可以傳遠，則石氏所得尚是北宋時拓。然而石氏此刻全局圓腴，已不若元祐秘閣之《樂毅論》全文可信爲梁摹矣。元祐秘閣全本與越州石氏不全本，世傳亦頗少。惟至明長洲文氏，以此二種皆入《停雲館晋唐小字》卷内。文氏所刻全本是從宋越州學舍重摹秘閣本出，極精審，視元祐秘閣原本微茫一間，無少差舛。其不全本，則非越州石氏原石，乃博古堂翻耳。居今日欲知梁摹右軍此帖，尚賴停雲之前一全本略存其影，亦足以見石氏本《十三行》，即停雲刻。是真山陰家法也。而今日停雲館石又多贋本，此帖若失傳，則右軍楷法無由以見矣。《停雲館帖》真石今在嘉興，馮氏嘗屢托人覓，其專以此首卷之《樂毅論》全文本多拓數十百本以廣流傳，而其家懵然不知也。

趙子固之三言，則《化度》、《廟堂》原本世久無之，《醴泉》石今雖存，日漸泐蝕矣。《廟堂碑》世所傳惟碑林一石，五代王節度重刻。究過彎圓，非其原石用筆之意。愚近已語山左諸當事，移立城武廟堂碑於曲阜，冀或稍存真意。又撰《廟堂碑考》一卷以識之。《化度》真本極少，愚嘗撰考作圓，此楷法之景星鳳凰也。《醴泉》則及今日就所存字，用净水洗滌，再用精墨細紙，稍輕淡之氊蠟，多拓數本，存以識之爲善。

字愈小，則愈縱横馳騁；愈大，則愈結構緊密。是以大字推《鶴銘》也。然而《鶴銘》豈但結局緊密，并且虚和温舒，此所以神到也。舉百鈞而從容閒適，當大敵臨陣，而意思蕭散如不欲戰，此乃真晋法也。《瘞鶴銘》石側有米元章大楷一題，仿山樵書，而顯有骨力可尋，遜其自然超妙矣。米老且然，况後人乎？唐碑大字，聞薛純陀《砥柱銘》之妙，而未得見。所見唐大楷，莫善於玄宗《紀太山銘》題年月一行。然較之《鶴銘》，則出於有意矣。餘又奚論？

以徐篆畫内日中見影言之，則作字用墨用筆，豈能以此概之？不能以此概之，則何以見骨，何以見中鋒乎？曰此則李長吉詩一語「元精耿耿貫當中」也。知此義，則又何必映日而始見其中有墨影哉？知此意，則推之詩文，是即所謂言有物而已矣。

圖書在版編目(CIP)數據

蘇齋筆記 /（清）翁方綱撰 ；張宇超點校. -- 上海 ： 上海古籍出版社，2025. 6. -- ISBN 978-7-5732-1568-0

Ⅰ. Z429

中國國家版本館 CIP 數據核字第 2025EC1802 號

蘇齋筆記

〔清〕翁方綱　撰

張宇超　點校

上海古籍出版社出版發行

（上海市閔行區號景路 159 弄 1－5 號 A 座 5F　郵政編碼 201101）

（1）網址：www. guji. com. cn

（2）E-mail：guji1@guji. com. cn

（3）易文網網址：www. ewen. co

上海天地海设计印刷有限公司印刷

開本 890×1240　1/32　印張 8. 5　插頁 7　字數 160,000

2025 年 6 月第 1 版　2025 年 6 月第 1 次印刷

ISBN 978－7－5732－1568－0

K・3836　定價：68. 00 元